hänssler

KURT SCHERER

MERK-
WÜRDIG

Worte und ihre
biblisch-seelsorgerliche
Bedeutung

Dr. theol. Kurt Scherer ist Pastor der evangelisch-methodistischen Kirche, stellvertretender Direktor des ERF-International (Wetzlar) und Leiter des Bereichs Seelsorge des ERF-International. Seine besonderen Aufgaben liegen in der Brief- und Telefonseelsorge, in Bibel-und Seelsorgefreizeiten sowie Seminaren für Konfliktbewältigung und biblische Lebensgestaltung. Er ist Autor vieler Rundfunksendungen, Bücher und Publikationen.

Die Deutsche Bibliothek – CIP-Einheitsaufnahme

Scherer, Kurt:
Merk-Würdig : Worte und ihre biblisch-seelsorgerliche Bedeutung / Kurt Scherer. – Neuhausen-Stuttgart : Hänssler, 1992
(Edition C : T, Taschenbuch ; 293)
ISBN 3-7751-1853-5
NE: Edition C / T

EDITION C-Taschenbuch, T 293
Bestell-Nr. 56.893

Umschlaggestaltung: Daniel Dolmetsch
Satz: AbSatz Ewert-Mohr, Klein Nordende
Printed in Germany

Inhalt

Vorwort

Wenn wir landläufig von ›merkwürdig‹ sprechen, denken wir oft an uns eigenartig erscheinende Abläufe des Lebens. Wir verstehen z. B. die Handlungsweise eines Menschen nicht. Er verhält sich so ›merkwürdig‹...

Oder man sagt auch von seinem eigenen Empfinden: »Mir ist so ›merkwürdig‹ zumute.« Dabei geht es doch um eine Lebenslage, die man aufgrund ihrer Situation hinterfragen sollte, um die Zusammenhänge besser zu erkennen und zu verstehen.

Vielleicht ›merken‹ Sie jetzt, daß dieses Wort ›merkwürdig‹ in seiner ursprünglichen Bedeutung etwas Positives aussagen will, im Sinne von: ›würdig‹ – es ist wert –, sich zu merken!

Auf einige solcher ›Merwürdigkeiten‹ will ich auf den folgenden Seiten näher eingehen.

Ich wünsche Ihnen einige »Aha-Erlebnisse« beim Nach-denken!

Braunfels im Juni 1992

Kurt Scherer

Auf - geben

Im Duden bzw. im Wörterbuch mit dem Titel »Sag' es treffender« (A. M. Textor, Konradin-Verlag) können wir u. a. folgende Bedeutung unter dem Stichwort »Aufgeben, Aufgabe« nachlesen:

– Die Aufgabe eines Briefes, einer Depesche, eines Gepäckstückes zur Beförderung.
– Eine mündliche, schriftliche, leichte, schwierige Aufgabe = Pflicht erfüllen, also: einen Auftrag erledigen.
– Eine Aufgabe lösen, ihr gewachsen sein, sie erfüllen können, etwas lernen, also: einer Bestimmung gerecht werden.
– Sich etwas zur Aufgabe machen, sich einer Aufgabe stellen, eine Aufgabe haben, sie bewältigen.

»Auf-geben, Auf-gabe« hat aber auch noch eine andere Bedeutung, z. B.:

– Etwas nicht zu Ende führen, z. B. ein Spiel, eine Schachpartie.
– Ein Amt, eine Position, eine Stellung aufgeben.
– Eine Schließung, Einstellung, Liquidierung.
– Am Ende sein, etwas für verloren ansehen, über Bord werfen, fallen lassen.
– Keine Hoffnung mehr haben, aufstecken, abschreiben.

»Auf-gabe, auf-geben« hat also eine doppelte Bedeutung, eine positive und eine negative. Wir wenden uns nun einem neutestamentlichen Text zu, der dies sehr eindrücklich macht. Der Apostel Paulus hat ihn im 2. Korintherbrief, Kapitel 1, Verse 8-11 geschrieben:

»Denn wir wollen euch, liebe Brüder, nicht verschweigen, die Bedrängnis, die uns in der Provinz Asien widerfahren ist, wo wir über die Maßen beschwert waren und über unsere Kraft, so daß wir auch am Leben verzagten und es bei uns selbst für beschlossen hielten, wir müßten sterben. Das geschah aber, damit wir unser Vertrauen nicht auf uns selbst setzten, sondern auf Gott, der die Toten auferweckt, der uns aus solcher Todesnot errettet hat und erretten wird. Auf ihn hoffen wir, er werde uns auch hinfort erretten. Dazu helft auch ihr durch eure Fürbitte für uns, damit unsertwegen für die Gabe, die uns gegeben ist, durch viele Personen viel Dank dargebracht werde.«

Paulus war in eine Lebenslage geraten, die ihn völlig verzagt werden ließ. Er schrieb den Korinthern: Liebe Brüder, wir wollen euch nicht verschweigen, daß wir maß-los beschwert, völlig am Ende, total rat-los waren und für uns keinen Weg mehr sahen. Wir verzweifelten am Leben. Wir mußten lauter Schlußpunkte setzen …

Darf ein Apostel »auf-geben«? Darf ein Christ am Ende sein, etwas für verloren ansehen, keine Hoffnung mehr haben, aufstecken? Es hat wohl zu allen Zeiten unter Gläubigen die Auffassung gegeben, das sei unter der Würde eines Christen. Im Leben eines Christen hieße es:

»Immer fröhlich, immer fröhlich, alle Tage Sonnenschein ...« Ein Christ stehe über diesen Dingen. Er habe Haltung zu bewahren, keine Schwächen zu zeigen.

Wer so denkt oder solche Gesinnung lauthals proklamiert, täuscht sich selbst und auch andere. Wir stehen nicht über den Anfechtungen, sondern mittendrin als Nachfolger Jesu. Paulus bleibt ehrlich. Er macht sich und anderen, aber auch Gott nichts vor. Er hat Mut zur Schwäche und steht zu seinen Anfechtungen.

Vielleicht haben auch Sie Sorge, das sei nicht christusgemäß und nicht christengemäß, wenn Sie zugeben: Ich kann nicht mehr. Das geht über mein Vermögen, das ist zum Verzagen.

Es gibt im Miteinander, auch von Christen in der Gemeinde, viele verschwiegene Schwächen. Und weil diese Schwächen verschwiegen werden, weil man so tut »als ob«, müssen sich die Schwachen verstecken. Denn was man bei sich selbst nicht wahrhaben will, das kann man auch bei anderen nicht wahrnehmen und mitansehen. Aus dieser Gesinnung entsteht ein Krampf. Es wäre besser, man würde endlich »auf-geben« und zugeben: So geht es nicht mehr weiter. Denn nur so kann es zu einem neuen Anfang kommen, kann man eine neue Aufgabe übernehmen, durch »Auf-gabe« befähigt werden zur Aufgabe!

Bitte verstehen Sie mich recht, ich will Ihnen keine Schwächen und Tiefpunkte andichten. Wenn es Ihnen gut geht, wenn Sie Ihren Auf-gaben gerecht werden,

Ihren Weg in die Zukunft kennen und bejahen, Ihre Grenzen angenommen haben – dann freuen Sie sich von Herzen, und danken Sie Gott. Strahlen Sie etwas aus von dieser Geborgenheit und Zufriedenheit. Seien Sie dann aber auch barmherzig mit Menschen um Sie herum, die so kraftvoll und zufrieden zur Zeit nicht leben können, die am Verzagen sind, »auf-geben« wollen, weil ihre Aufgabe sie überfordert, sie nicht mehr die Kraft haben. Wissen Sie, jede Gemeinschaft ist so stark wie ihr schwächstes Glied. Und die Kette der Verbundenheit darf gerade da nicht reißen.

Es gibt Menschen, leider auch Christen, die verbreiten durch ihren permanenten Optimismus Entmutigung statt Ermutigung, weil sie sich so wenig in den anderen versetzen und dabei nur an sich selbst und das eigene Ergehen denken. Darin liegt aber keine Motivation zu neuen Aufgaben, sondern zum »Auf-geben«. Ich lerne bei Paulus, daß er, weil er zur eigenen Schwachheit stand, einer wurde, der auch anderen Menschen in ihrer Schwachheit Mut machen konnte. Sein Mut zur Schwäche hat ihn ermutigt, Schwache aufzurichten.

Noch ein anderer Gedanke aus den Worten des Apostels Paulus erscheint mir wesentlich für die Bewältigung von Tiefpunkten in unserem Leben, wenn wir angefochten sind zum »Auf-geben« und uns die Perspektive einer neuen »Aufgabe« fehlt. Paulus hatte Mut zur Hoffnung. Im selben Augenblick, wo er sagen mußte: »Wir waren über die Maßen beschwert, wir wußten nicht mehr weiter, wir hatten abgeschlossen«, ›auf-gegeben‹, in demselben Augenblick lernte er Entscheidendes über Gott.

Er schreibt: »Das geschah aber, damit wir unser Vertrauen nicht auf uns selbst setzten, sondern auf Gott, der die Toten auferweckt.«

Paulus macht sich klar: Der Gott, an den ich glaube, ist ein Totenauferwecker! Der Gott, an den ich glaube, der kann mit nichts etwas anfangen, der kann aus nichts etwas machen. »Der die Toten lebendig macht und ruft das, was nicht ist, daß es sei!« (Röm 4, 17). Die Grenzen meiner Möglichkeiten sind nicht die Grenze seiner Möglichkeiten. Hier ist der Gott, der weiterhandelt, wo ich »aufgebe«. Doch aus dem Aufstecken kann ein Aufstehen werden, aus dem »Auf-geben« eine neue Aufgabe. Bevor es allerdings dazu kommt, muß ich wirklich meine Vorstellungen, meine Erwartungen, wie mir geholfen werden könnte, wenn mir überhaupt geholfen werden soll, »aufgeben«.

Was hatte Paulus für Pläne! Wo wollte er überall hin! Ein Energiebündel war dieser Mann. Und nun muß er Gott bekennen: ›Ich kann nicht mehr, ich bin am Ende – aber du weißt weiter. Du hast Jesus von den Toten auferweckt, da wirst du auch mich nicht »auf-geben«. Und selbst, wenn mein Leben hier jetzt endet, so kann ich doch auch im Tod nicht aus deiner Hand fallen. Ich bin bei dir »auf-gehoben« ...‹ So hat er vielleicht gebetet. Er hat seine Verlegenheit, seine Ausweglosigkeit zu einem Gebet gemacht. Denn nur Gott weiß ja weiter.
›Aufgabe‹ hieße also, wörtlich genommen, das ›Auf-geben‹ eigner Wünsche und Zielsetzungen. Ich erkenne, daß ich machtlos bin, und über-lasse es einem Größeren zu entscheiden, worein ich mich ›fügen‹ muß, um –

letztlich – mich selbst zu finden. Damit aber wird das ›Los-lassen‹ gefordert; etwas, was uns so schwer fällt, und das doch das Entscheidende ist, weil es die erste Übung darstellt, Sterben zu lernen.

Festhalten am Dasein ist noch kein Leben! Hingabe sagt Ja zum Verlust. Die ›Auf-gabe‹, die Gott den Seinen aufträgt, heißt: Leben gewinnen, indem wir es lassen, ›auf-geben‹, auch für andere. Dann kann ich hinter der gefügten Lebenssituation, dem überraschenden ›Zufall‹, der maßlosen ›Ent-täuschung‹, der erschütternden ›Heimsuchung‹, der unlösbaren ›Aufgabe‹ den erkennen, der – unter Milliarden von Menschen – mich allein ausgewählt hat und sucht. Gott fragt mich – und ich antworte. Damit stehe ich in der Verantwortung meinem Gott gegenüber; ich werde nach meinem Vertrauen ihm gegenüber gefragt. Damit ist Schluß mit aller Unverbindlichkeit. Jetzt habe ich meinen Gott zu meinem persönlichen Heiland und Herrn.

Wann haben Sie das letzte Mal, als Sie »auf-geben« wollten, wirklich restlos »auf-gegeben«, an Gott abgegeben im Gebet, was Sie quälte, belastete, umtrieb? Es hilft ja nicht, wenn wir nur so ein allgemeines Verhältnis zu Gott haben. Glaube ist immer konkrete Zuversicht, lebendige Hoffnung. Im Hebräerbrief lesen wir: »Es ist aber der Glaube eine feste Zuversicht auf das, was man hofft, und ein Nichtzweifeln an dem, was man nicht sieht« (Hebr 11,1). Und Paulus sagt an anderer Stelle im Römerbrief: »Die Hoffnung aber, die man sieht, ist nicht Hoffnung; denn wie kann man auf das hoffen, was man sieht? Wenn wir aber auf das hoffen, was wir nicht sehen, so warten wir darauf in Geduld« (Römer 8, 24-25). »Auf-geben«, sich ganz in die Hände Gottes begeben, läßt uns erfahren, daß Gott uns nicht »aufgibt«! Vielmehr ist es so, daß er uns ganz neu »Auf-gaben« gibt, um seine Herrlichkeit zu erfahren und seine Ehre groß zu machen.

Erwarten Sie das – gegen den Augenschein? Gott will mit der Kraft seiner Auferstehung in Jesus Christus Ihr Leben bereichern. Das bezeugt Paulus in unserem Text. Gott ist nicht der, der unsere Bemühungen ergänzt und unsere Gefühle erhöht. Gott fängt mit nichts etwas an, und wir dürfen vor ihm mit nichts anfangen. Wir dürfen »auf-geben«! Das muß man einmal in seinem Leben zum ersten Mal und dann immer wieder sagen und tun: Herr, ich »gebe auf«, ich verlaß' mich, ich baue nicht auf meine Kräfte, ich verlasse mich auf dich!

Da muß ich noch etwas ergänzen. Paulus sagt: »Gott hat uns erlöst und wird uns erlösen und immer noch erlösen.« Ein Bild kann deutlich machen, was er damit meint: Mit unserem Leben ist das wie mit einer Hängebrücke, die zwischen diesen beiden Pfeilern – der Erlösung, die geschehen ist am Kreuz von Golgatha, und der Erlösung, die noch kommt in der Ewigkeit – ausgespannt ist. Und unser Leben vollzieht sich auf der Brükke, auf der wir von Gott gewürdigt sind, kleine Erlösungen zu erleben, Sieg auf dem Weg. Dort erleben wir, wenn wir »aufgeben«, in eigener Regie das Leben zu meistern, daß wir nicht »auf-gegeben« sind von Gott, sondern daß er immer neue Aufgaben für uns hat. Er hilft uns dabei, daß unser Leben seinen Namen groß macht.

Das ist der eigentliche Grund unseres Lebens: Daß wir mit anderen Menschen ihm danken! Wir werden also nicht nur dem Tod Jesu und dem Leiden Jesu gleichgestaltet in unserem Leben, sondern wir erfahren auch die Kraft seiner Auferstehung. Wer auf seine Auferstehung am Ende der Tage wartet – als gewisse Zuversicht –, der darf auch heute schon darum bitten, daß Gott ihm weiterhin vorläufige Erlösung auf dem Weg dorthin schenkt. Gott hört solches Gebet. Er gibt uns nicht auf.

Auf - machen

»Mache dich auf!« – diese drei Worte sind nicht in erster Linie eine Aufforderung, sondern eine Einladung: Öffne dein Herz, dein Leben für die Botschaft der Weihnacht: Dir ist dein Heiland, dein Retter geboren! Höre diese Nachricht nicht nur mit deinen Ohren, vernimm sie mit deinem Herzen. Jesus lädt dich ein: »Siehe, ich stehe vor der Tür und klopfe an. Wenn jemand meine Stimme hören wird und die Tür auftun (»auf-machen!«), zu dem werde ich hin-eingehen und das Abendmahl mit ihm halten und er mit mir« (Offb 3,20).

Jesus bricht keine Herzenstür auf. Er klopft mit seinem Wort, mit Lebensführungen, durch Begegnungen mit Menschen an die Tür unseres Herzens. Er will, daß Licht und Wärme in das Dunkel und in die Kälte unseres Lebens kommen. Und – er will nicht nur in ein paar Bereichen unseres Lebens wohnen; nein, unser ganzes Leben will er mit seiner Herrlichkeit erfüllen!

Wenn wir unser Leben – im Bild gesprochen – als sein Haus sehen, dann heißt das: Jesus will in alle Zimmer einkehren; auch der Keller und der Dachboden sind mit einbezogen, also das Unterbewußte, wohin so schnell manches verdrängt wird, ebenso auch der Bereich der Gedanken, wo wir so vieles festhalten, speichern, was dann zur großen Last wird.

Es kann licht in uns werden, hell, wenn wir Jesus unser ganzes Leben neu oder zum ersten Mal bewußt öffnen. Darum: »Mache dich auf, werde licht; denn dein Licht kommt, und die Herrlichkeit des Herrn geht auf über dir! Denn siehe, Finsternis bedeckt das Erdreich und Dunkel die Völker; aber über dir geht auf der Herr, und seine Herrlichkeit erscheint über dir« (Jes 60,1-2).

»Mache dich auf...!« – Da geht es um den inneren Entschluß, »sich auf-zumachen«. Wenn Jesus in unser Herz einzieht, sein Wort und sein Geist – er ist ja die Realpräsenz Jesu – unser Leben ausfüllen und bestimmen sollen, dann gilt es, alle Hindernisse aus dem Weg zu räumen, zu hören und zu folgen:

> »Es ruft eine Stimme: In der Wüste bereitet dem Herrn den Weg, macht in der Steppe eine ebene Bahn unserem Gott. Alle Täler sollen erhöht werden, und alle Berge und Hügel sollen erniedrigt werden, und was uneben ist, soll gerade, und was hügelig ist, soll eben werden; denn die Herrlichkeit des Herrn soll offenbart werden, und alles Fleisch miteinander wird es sehen; denn des Herrn Mund hat's geredet« (Jes 40, 3-5).

Denken Sie darüber nach – in diesem Bild der Bibel gesprochen –, welche Steine bei Ihnen wegzuräumen, welche Berge zu überwinden, welche Täler zu durchschreiten, welche Tiefen auszufüllen sind?! – Da sind Hektik und Unruhe, Angst und Zweifel, Müdigkeit und Resignation, Kummer und Sorgen, Nöte und Konflikte, Schuld und Unfriede, Bitterkeit und Neid, Haß und

Streit, Langeweile und Gleichgültigkeit, Leid und Schmerz und vieles andere mehr.

Es ist immer wieder eine Willensentscheidung, ob ich mit Jesus mein Leben gestalten will oder nicht; ob er der entscheidende Faktor (Macher!) in meinem Leben ist, der das Sagen hat, um dessen Ehre es mir geht, und zwar in allen Bereichen meines Lebens – oder ob es mir letztlich doch um mich geht; ob er mich wirklich heil machen, heiligen – für sich gebrauchsfähig machen soll.

Wenn wir wollen, »daß seine Herrlichkeit aufgeht«, gilt es, unsere Herzenstür »weit und hoch« zu machen:

> »Machet die Tore weit und die Türen in der Welt hoch, daß der König der Ehre einziehe! Wer ist der König der Ehre? Es ist der Herr, stark und mächtig, der Herr, mächtig im Streit. Machet die Tore weit und die Türen in der Welt hoch, daß der König der Ehre einziehe! Wer ist der König der Ehre? Es ist der Herr Zebaoth. Er ist der König der Ehre« (Ps 24,7-10).

»Mache dich auf ...!« – Weit wollen wir unser Herz öffnen. Wir wollen also auch die Schlüssel der kleinen Lebensbereiche, die wir bisher in unserer Faust fest verschlossen gehalten haben, herausrücken. Dann kann sich Jesu Herrlichkeit wirklich in unserem Leben ausbreiten. Dann werden wir mit einstimmen in den Lobpreis der Maria: »Meine Seele erhebt den Herrn, und mein Geist freuet sich Gottes, meines Heilandes ...« (Lk 1,46-55).

»Mache dich auf ...!« – Wer diese Einladung, richtig verstanden, sein Herz und Leben Jesus »aufgemacht« hat, der »macht sich auf« den Weg zur Krippe, um ihn anzubeten, ihn, seinen Heiland und Herrn. Er verwirklicht die Einladung, ganz ähnlich wie die Hirten es taten (Lk 2, 8-20). Sie machten sich auf!

»Es waren Hirten in derselben Gegend auf dem Felde bei den Hürden, die hüteten des Nachts ihre Herde. Und der Engel des Herrn trat zu ihnen, und die Klarheit des Herrn leuchtete um sie; und sie fürchteten sich sehr. Und der Engel sprach zu ihnen: Fürchtet euch nicht. Siehe, ich verkündige euch große Freude, die allem Volk widerfahren wird; denn euch ist heute der Heiland geboren, welcher ist Christus, der Herr, in der Stadt Davids. Und das habt zum Zeichen: Ihr werdet finden das Kind in Windeln gewickelt und in einer Krippe liegen. Und alsbald war da bei dem Engel die Menge der himmlischen Heerscharen, die lobten Gott und sprachen: Ehre sei Gott in der Höhe und Friede auf Erden bei den Menschen seines Wohlgefallens. Und da die Engel von ihnen gen Himmel fuhren, sprachen die Hirten untereinander: Laßt uns nun gehen nach Bethlehem und die Geschichte sehen, die da geschehen ist, die uns der Herr kundgetan hat« (Lk 2, 8-15).

Sie machten sich auf, um diese gute Nachricht weiterzusagen: »Euch ist heute der Heiland geboren!« – Darum geht es! Behalten auch Sie diese Freudenbotschaft nicht für sich. Viele Menschen warten auf dieses erlösende Wort in unseren Tagen, Menschen in Kälte und Dunkelheit. Sie haben tiefe Sehnsucht nach von Jesu Herrlichkeit erfülltem Leben. Darum bezeugen Sie diese Frohe Botschaft. Davon zu überzeugen, das ist die Aufgabe des Heiligen Geistes! Diese Gewißheit will Sie so richtig in Bewegung setzen.

Wir wollen uns auf-machen in doppeltem Sinn: Unser Herz, unser gottvertrauendes Denken, unser Leben aufmachen, daß Jesus durch sein Wort und seinen Geist einkehren und es reich machen, segnen kann. Dann aber wollen wir uns auch auf-machen und den anderen Menschen bezeugen, wer Jesus ist und wie er unser Leben als Heiland und Herr zu einem erfüllten Leben macht, weil er ihm Sinn und Ziel gibt!

Auf - stand

Jedes Jahr neu begehen wir den Karfreitag. Er erinnert uns daran, daß da Sünde, Tod und Teufel den »Aufstand« geprobt haben. Sie wollten die im Paradies begonnene Trennung des Menschen von Gott end-gültig machen. »Aufstand« erinnert zunächst einmal an Rebellion, Aufruhr, Eigenwille – das sind andere Worte für Sünde. Sünde ist also kein abstrakter Begriff, sondern eine im Leben des Menschen sich zeigende Verhaltensweise. Mag darum auch die Erscheinungsart der Sünde verschieden sein – als Verfehlung des von Gott gesteckten Zieles, als Auflehnung gegen Gott, als schuldhafter Ungehorsam oder auch als menschlicher Irrtum – in ihrem Kern und Wesen bedeutet Sünde immer: »An dir (Gott) allein habe ich gesündigt« (Ps 51, 6). Damit verfehlt der Mensch seine Bestimmung, als Geschöpf Gottes in Gemeinschaft mit ihm zu leben.

Was da im Paradies geschah (1. Mose 3), macht das Wesen der Sünde offenbar. Ohne Zweifel geht es beim Sündenfall um mehr als den ersten Ungehorsam des Menschen gegen Gott. Der verbotene Baum ist gleichsam die Grenzmarkierung, die den Menschen in aller seiner ihm von Gott verliehenen Hoheit an seine Geschöpflichkeit erinnert. Deshalb geht es beim Sündenfall um das Sein-Wollen wie Gott – um »Aufstand« – und damit zugleich um den Verlust der Unschuld, die sich kindlich an Gott, den Schöpfer, klammert. Sie wird durch die eigenmächtige Erkenntnis von Gut und Böse ersetzt. Im Sündenfall revoltiert das Ich und greift nach einer angeblich vorenthaltenen Freiheit. Darin zeigt sich das Wesen der Sünde: In ihr wendet sich der Mensch von Gott ab, sowohl im Blick auf die Furcht wie auf das Vertrauen Gott gegenüber, und er erhebt sein Ich auf den Thron. Dadurch verliert der Mensch seine Gemeinschaft mit Gott (Röm 5,12ff). Zugleich ist damit auch der Mensch als Sünder bloßgestellt. Er ist es, der die Sünde will, weil er Empörer gegen Gott ist. Und weil er die Sünde und die Empörung will, ist er auch schuldig.

In diesem selbstverschuldeten Zustand der Sünde lebt der Mensch als sein eigener Gefangener, der die Sünde nicht selbst überwinden kann, sondern ihr untertan ist. Denn »wer Sünde tut, der ist der Sünde Knecht« (Joh 8,34). Die zerstörende, das eigene Leben zerstörende Folge ist: sein Sterben, sein Tod als ewige Trennung von Gott (Röm 6,23; 1. Kor 15,56).

Gott aber will nicht den Tod des Sünders, sondern daß er sich bekehre und lebe (Hes 18,21-23.32; 33,11). Sünde ist daher immer zugleich Schuld und das heißt Verpflichtung. Damit aber ist der Mensch auch als Sünder nicht von Gott abgeschrieben. Er steht immer noch – nach Gottes Willen – in der Entscheidung. Läßt er von seinem »Aufstand« ab, kommt er zu Gott in Reue und Buße, bittet er für seine Rebellion um Vergebung, wird das über ihm ausgesprochene Todesurteil aufgehoben. Dazu hat Gott in seiner unergründlichen Liebe die Voraussetzung geschaffen. Er hat seinem Sohn Jesus Christus die Vollmacht gegeben, den »Aufstand« von Sünde, Tod und Teufel niederzuschlagen.

Durch Jesu Tod am Kreuz von Golgatha wurde die Sünde entmachtet, weil Gott ihn, den Sündlosen, zur Sünde gemacht hat (2. Kor 5, 21). Was Jesus am Kreuz erlitten hat, erlitt er für die Sünder, »für uns« (2. Kor 5, 21; 1. Kor 15, 3; Gal 1, 4). So kommt die große Wende. Obwohl straf-würdig, ergeht Gnade im Recht für alle, die das für sich persönlich in Anspruch nehmen (Röm 5, 21; Hebr 2, 17; 4, 14 f; 7, 24 ff; 9, 11-15).

Damit bricht die Freiheit für den Menschen an, der in Sünde gefangen ist. Im Glauben an Jesus Christus wird er hineingenommen in seinen Tod und »stirbt der Sünde« (Röm 6, 2). Nun hat die Sünde kein Recht mehr auf ihn (Röm 6, 7-11). – Wie heißt es in Martin Luthers Osterlied:

Christ lag in Todesbanden, für unsre Sünd gegeben, der ist wieder erstanden und hat uns bracht das Leben. Des wir sollen fröhlich sein, Gott loben und dankbar sein und singen Halleluja. Halleluja.

Den Tod niemand zwingen konnt bei allen Menschenkindern; das macht' alles unsre Sünd, kein Unschuld war zu finden.. Davon kam der Tod so bald und nahm über uns Gewalt, hielt uns in seim Reich gefangen. Halleluja.

Jesus Christus, Gottes Sohn, an unser Statt ist kommen und hat die Sünd abgetan, damit dem Tod genommen all sein Recht und sein Gewalt; da bleibt nichts denn Tods Gestalt, den Stachel hat er verloren. Halleluja.

Es war ein wunderlich Krieg, da Tod und Leben rungen; das Leben behielt den Sieg, es hat den Tod verschlungen. Die Schrift hat verkündet das, wie ein Tod den andern fraß; ein Spott aus dem Tod ist worden. Halleluja.

Schon während seines Erdenlebens hat Jesus demonstriert, wer der Herr über Sünde, Tod und Teufel ist. Es ist eindrücklich, wie er vom »Auf-stand« sprach. So hat er z. B. einen Gelähmten aufgefordert: »Steh auf!« – »Steh auf, nimm dein Bett und geh heim« (Lk 5, 24). Und der bisher Gelähmte ›stand-auf‹, nahm sein Bett und ging heim. Ihm wurde nicht nur körperlich auf die Beine geholfen. Nein, vorher noch bekam er aus Jesu Mund zu hören: »Mensch, deine Sünden sind dir vergeben!« (V. 20). Jesus hat ihm wohlgetan nach Leib und Seele. Er hat ihn durch den Zuspruch der Vergebung aus dem Gefängnis der Sünde befreit!

Aber nicht nur zu Kranken hat Jesus gesagt: »Steh auf!« Selbst zu Toten sprach er es! Einmal ist er an den Sarg eines jungen Mannes getreten und hat zu dem Verstorbenen gesagt: »Jüngling, ich sage dir, steh auf!« (Lk 7, 14). Und der junge Mann ›stand auf‹! Jesus hat damit ein Zeichen gesetzt, wer der Herr über den Tod ist, daß es keine Nieder-lage gibt, der er nicht gewachsen wäre, auch wenn gegen den Tod kein menschlicher »Aufstand« möglich ist. Bei Gott sind alle Dinge möglich (Mt 19, 26), und in diese Möglichkeiten nimmt Jesus jeden mit, der »sich verläßt« und sich ihm anvertraut. Wie sagt Luther: »Er reißet durch den Tod, durch Welt, durch Sünd, durch Not; er reißet durch die Höll, ich bin stets sein Gesell.«

Das Ganze ist deshalb möglich, weil Gott den Gehorsam seines Sohnes, am Kreuz von Golgatha für unsere Sünde zu sterben, belohnt hat, indem er ihn von den Toten hat auferstehen lassen. Jesu eigene »Auferstehung« von den Toten am Ostertag hat bestätigt: Am Ende seines Lebens steht nicht die endgültige »Nieder-lage«, sondern sein »Auf-stand!« gegen den Tod. Und wenn Jesus Christus zu einem Menschen sagt: »Steh auf!«, dann bedeutet das: Ich gebe dir Anteil an meinem Sieg. Ich beteilige dich an meinem »Aufstand« gegen den Tod. Und das geschieht mit Gottes Willen.

Ich möchte Ihnen an dieser Stelle das Wort Jesu in Erinnerung rufen, das er in Gegenwart eines Toten, seines Freundes Lazarus (Joh 11, 25.26), sagte und das seine Gültigkeit bis heute behalten hat: »Ich bin die Auferstehung und das Leben. Wer an mich glaubt, der wird leben, auch wenn er stirbt; und wer da lebt und glaubt an mich, der wird nimmermehr sterben. Glaubst du das?« – Das ist die Frage an Sie, an mich: »Glaubst du das?« Denn dann sind wir mit hineingenommen in den Sieg über Sünde, Tod und Teufel, sagt Paulus doch am Ende des großen Auferstehungskapitels (1. Kor 15): »Der Tod ist verschlungen vom Sieg. Tod, wo ist dein Sieg? Tod, wo ist dein Stachel? Der Stachel des Todes aber ist die Sünde, die Kraft aber der Sünde ist das Gesetz. Gott aber sei Dank, der uns den Sieg gibt durch unsern Herrn Jesus Christus (V. 54b-57).

Wenn Jesus sagt – und er sagt es immer wieder zu uns: »Steh auf!«, dann ist das seine Einladung, Anteil zu haben an seinem Leben, seinem sieghaften Leben über

Sünde, Tod und Teufel. Das können wir auch dann, wenn körperliche Schwäche uns das buchstäbliche »Aufstehen« nicht mehr erlaubt. Im geistlichen Sinn »aufstehen« können wir auch im Liegen. Wer im Vertrauen zu Jesus »auf-gestanden« ist, geht nicht der letzten »Nieder-lage« entgegen, auch wenn er in diesem Leben nicht mehr auf die Beine kommt. Er geht dem end-gültigen »Auf-stand« gegen den Tod entgegen, der mit der Auferstehung Jesu Christi schon begonnen hat.

Aus - rede

Ausrede, das meint: Ausflucht, Halbwahrheit, es mit der Wahrheit also nicht so ernst nehmen. Aus einer nachteiligen Situation herauskommen wollen; Gründe vorschieben, um die Wahrheit nicht sagen zu müssen. Wer eine Ausrede gebraucht, ist nicht bereit, die wahren Beweggründe zu sagen. Man könnte es auch ganz wörtlich nehmen und sagen: Mit seiner Rede ist es aus!

Es gibt aber auch einen positiven Inhalt dieses Wortes. Aus-reden = sich aus-sprechen; alles, was man an Groll, Ärger, Bitterkeit, Neid, Angst in sich hineingefressen hat, mit-teilen, herauslassen. Denn so lange es in einem drin ist, tut es weh, kränkt. Und was kränkt, das macht krank.

Aus-reden, so lange reden, bis alles raus ist, ausgesprochen, was man da an Kränkungen gesammelt hat, das tut gut. Das kann auch Schuld sein, die man bisher verdrängt, bis heute nicht ausgesprochen, nicht bekannt hat; die daher unkontrolliert in einem rumort, Unheil anrichtet. Das kann das Gewissen so belasten, daß nicht nur die Seele, sondern auch der Leib darunter leidet. Dieser Zustand muß aber nicht so bleiben. Das ist die frohe Botschaft der Bibel: Gott lädt uns ein, uns aus-zu-sprechen. Wir sind eingeladen zum Aus-reden!

Dazu ein Text aus dem Alten Testament, Psalm 32; ein Psalm Davids:

»Wohl dem, dem die Übertretungen vergeben sind, dem die Sünde bedeckt ist. Wohl dem Menschen, dem der Herr die Schuld nicht zurechnet, in des Geist kein Trug ist. Denn da ich es wollte verschweigen, verschmachteten meine Gebeine durch mein tägliches Klagen. Denn deine Hand lag Tag und Nacht schwer auf mir, daß mein Saft vertrocknete, wie es im Sommer dürre wird. Darum bekannte ich dir meine Sünde, und meine Schuld verhehlte ich nicht. Ich sprach: Ich will dem HERRN meine Übertretungen bekennen. Da vergabst du mir die Schuld meiner Sünde« (V. 1-5).

Dieser Psalm gehört in den Zusammenhang der Psalmen 51, 139 und 103. Auf ihrem Hintergrund können wir die Zusammenhänge von Geist, Seele und Leib oder anders gesagt: von unbewältigten Problemen, von Schuld und psychosomatischer Erkrankung erkennen; wenn die verletzte Seele und der rebellierende Geist über die Organe SOS schreien.

Viele uns bekannte Redewendungen machen diese Zusammenhänge deutlich; unsere Sprache verrät, was sich da in uns abspielt:

- Mir blieb fast das Herz stehen – Herzbeschwerden
- Ich platze vor Wut – Bluthochdruck
- Der Ärger schlägt mir auf den Magen – Magengeschwüre

- Mir blieb die Luft weg — Asthma bronchiale
- Das schlägt mir aufs Gemüt — Depression

Das sind nicht einfach Erkrankungen, für die der Arzt allein zuständig wäre. Ein mir nahestehender Neurologe, der auch Psychiater und Psychotherapeut ist (Dr. Michiaki Horie), sagt, daß über 60 % der Menschen, die ihn diesbezüglich aufsuchen, eben nicht reine körperliche, organische Störungen haben, sondern die Seele, der Geist, das Denken, das Fühlen, ja der Glaube engstens damit verbunden sind; daß diese Störungen Zusammenhänge des ganzen Menschen betreffen, die sich mal im seelischen Bereich niederschlagen, mal mehr auf dem geistlichen Sektor sich bemerkbar machen und ein andermal mehr die körperliche Seite des Menschseins beeinträchtigen. Mit einem Wort unserer Tage gesagt: psychosomatische Störungen.

Der Konflikt der Seele, der Psyche, zeigt sich im Soma, dem Leib. Was signalisieren diese Reaktionen? Was drückt diese Körpersprache aus? Nun, diese Krankheiten beinhalten, wie bereits angedeutet, auch seelische und geistliche Probleme, Konflikte des Zusammenlebens, Beziehungsstörungen zum Nächsten, zu sich selbst, zu Gott; also auch die Schuldfrage. Und von daher hängen sie auch zusammen mit meinem gottvertrauenden Denken, mit meinem Glauben, mit Gott und seinem Sohn Jesus Christus.

Das Körperproblem ist also auch ein Glaubensproblem. Das kann man nicht auseinanderdividieren und sollte es auch nicht wegrationalisieren wollen. Denn dadurch wird der Konflikt nur noch größer. Besser ist, diese Signale des Körpers verstehen zu lernen, bewußt darauf zu achten, was der Körper damit ausdrücken will. Denn solche Krankheiten signalisieren, daß in der Glaubensüberzeugung Fehler, ungeistliche Motive und Vorstellungen, verkehrte Lebenshaltungen, Schuld, Sünde sich eingeschlichen haben.

Halten wir fest: Gott hat es nicht nur mit unserem Glaubensleben, der geistlichen Dimension unserer Persönlichkeit zu tun, sondern mit dem ganzen Menschen, dem Geist, der Seele und dem Körper. Heil, Heiligung und Heilung stehen in einem kausalen Zusammenhang.

Wenn ein Bereich leidet, werden die anderen nicht selten in Mit-leiden-schaft gezogen. Mein Glaube hängt mit meinem Leben und Erleben, mit meiner Lebensgeschichte zusammen. Unser ganzer Mensch wird vom Glauben angesprochen. Und dieser Glaube hat eben auch seine Auswirkungen. Denn er kann gestört sein durch Schuld, Mißtrauen, Eifersucht, Neid, Zweifel ... Das schlägt sich nieder, z. B. in Depressionen, Ängsten, Entscheidungsschwäche, Belastungsunfähigkeit, gestörten Beziehungen.

David ist in eine solch umfassende Krise seines Lebens, wie zuvor beschrieben, gekommen, weil er an Menschen und an Gott schuldig geworden ist und das verschweigen wollte.

Was war geschehen? – David hatte die Ehe gebrochen und dann den Mann, an dem er damit schuldig geworden war, an die Front geschickt, damit er dort im Krieg umkomme (2. Sam 11), also einen Mord angezettelt. Und danach lebte er, als sei nichts geschehen. Doch Schuld wird nicht bewältigt durch Verjährung; auch nicht dadurch, daß man sie verdrängt. Das meinte David zwar. Doch das war Selbstbetrug. Sein schlechtes Gewissen fraß das Gras, das darüber wachsen sollte, immer wieder weg. Die Konsequenz seines Verdrängens formulierte er in unserem Psalm so: »Denn als ich es wollte verschweigen, verschmachteten meine Gebeine durch mein tägliches Klagen. Denn deine Hand lag Tag und Nacht schwer auf mir, daß mein Saft vertrocknete, wie es im Sommer dürre wird« (Ps 32, 3-4). David war fix und fertig. Alle seine Versuche, zu verdrängen, seine Schuld zu verschweigen, brachten gerade das Gegenteil von dem, was er sich erhoffte: Statt aufatmen zu können, wurde er immer niedergeschlagener. Seine Organe fingen an zu schreien. Seine Seele rebellierte und versuchte sich auf diesem Weg Luft zu schaffen.

Wenn ich Schuld, Sünde verschweige, ist sie ja damit nicht bewältigt; sie ist nicht weg. Nein, sie richtet jetzt, unkontrolliert, in mir viel schlimmeren Schaden an als zuvor; sie zerstört das Gesunde, das Heile. Nicht die Organe sind krank und müssen in erster Linie behandelt werden, sondern die Schuld drückt nieder; sie muß vergeben, bereinigt werden.

Ein Umdenkprozeß, eine Sinnesänderung muß beginnen (Röm 12, 1.2), wenn heilsame, konkrete Veränderungen eintreten sollen. Wer unaufrichtig ist im Umgang mit seiner Schuld, betrügt sich selbst. Der Körper wehrt sich gegen diese Art von »Schuldbewältigung«. Deshalb nochmals: Wer Schuld verschweigt, sie verdrängt, macht sich krank.

Ich will noch einen anderen Gedanken, der auch Bedeutung für uns hat, unterstreichen. Wenn David sagt: »Wohl dem, in dessen Geist kein Trug ist«, dann macht er darauf aufmerksam, daß es ganz gefährlich ist, ja einem Selbstbetrug gleichkommt, wenn man so tut, »als ob« die Schuld vergeben sei. Wenn ich also mein Recht selber fertigen will – Selbst-recht-fertigung –, kommt nichts Gutes dabei heraus. David tat ja, als sei nichts geschehen. Doch daraus entstanden lauter Beziehungsstörungen: zu Gott, zu sich selbst, zum Nächsten. Er täuschte sich selbst und mußte daher ent-täuscht werden.

Auch der andere Weg, sich sozusagen die unangenehmen Dinge, die Schuld »aus dem Kopf zu schlagen«, diese »Stornierung der Schuld« bringt nichts als Kopfschmerzen. Nicht Schuld selbst bereinigen wollen, sondern zu Gott gehen, der einzig und allein wirklich Schuld vergibt – mit Tiefenwirkung: »Dein Wort macht Leib und Seel gesund« – und an dem man durch Schuld am anderen letztlich allein gesündigt hat (Ps 51, 6), das allein bringt Vergebung, richtet auf.

Neutestamentlich ausgedrückt: »Wenn wir aber unsere Sünden bekennen, so ist er treu und gerecht, daß er uns die Sünden vergibt und reinigt uns von aller Ungerechtigkeit« (1. Joh 1, 9).

In Shakespeares »Macbeth« heißt es: »Leiden, das nicht spricht, preßt das beladene Herz, bis daß es bricht.« Deswegen gilt es, sich »aus-zu-reden« und aufzuhören mit Ausreden. Es ist gut und hilfreich, bewußt solche Zusammenhänge zur Kenntnis zu nehmen. Das ist Voraussetzung dafür, daß sich etwas im Leben grundlegend zum Guten ändern kann. Schuld will erkannt und dann bekannt sein vor Gott und Menschen. Sie wird bewältigt durch Vergebung. In David reifte unter dem Leidensdruck die Erkenntnis: Ich kann mich selber vor Gott nicht richtig machen, was immer ich auch unternehme. Weder Flucht noch Ausflüchte helfen mir. Darum redet er sich bei Gott und Menschen aus. Er bekennt seine Schuld – alles, was ihn bedrückt, spricht er aus. Und er erfährt (Ps 103, 8.10): »Barmherzig und gnädig ist der Herr (...) er handelt nicht mit uns nach unsern Sünden und vergilt uns nicht nach unsrer Missetat.« So kann David freudig bezeugen: »Wohl dem, dem der Herr die Schuld nicht zurechnet ...«, in dessen Leben Gnade im Recht ergeht, der kann aufatmen, dem geht es gut; er wird heil, und er kann mit David gemeinsam Gott loben:

> »Lobe den Herrn, meine Seele, und was in mir ist, seinen heiligen Namen! Lobe den Herrn, meine Seele, und vergiß nicht, was er dir Gutes getan hat: der dir alle deine Sünde vergibt und heilet alle deine Gebrechen, der dein Leben vom Verderben erlöst, der dich krönet mit Gnade und Barmherzigkeit, der deinen Mund fröhlich macht, und du wieder jung wirst wie ein Adler (...) Lobe den Herrn, meine Seele!« (Ps 103, 1-5; 22 b)

Be - fehlen

»Wer unter dem Schirm des Höchsten sitzt und unter dem Schatten des Allmächtigen bleibt, der spricht zu dem Herrn: Meine Zuversicht und meine Burg, mein Gott, auf den ich hoffe. Denn er errettet dich vom Strick des Jägers und von der verderblichen Pestilenz. Er wird dich mit seinen Fittichen decken, und Zuflucht wirst du haben unter seinen Flügeln. Seine Wahrheit ist Schirm und Schild, daß du nicht erschrecken mußt vor dem Grauen der Nacht, vor den Pfeilen, die des Tages fliegen, vor der Pest, die im Finstern schleicht, vor der Seuche, die im Mittag Verderben bringt. Wenn auch tausend fallen zu deiner Seite und zehntausend zu deiner Rechten, so wird es doch dich nicht treffen. Ja, du wirst es mit eigenen Augen sehen und schauen, wie den Gottlosen vergolten wird. Denn der Herr ist deine Zuversicht; der Höchste ist deine Zuflucht. Es wird dir kein Übel begegnen, und keine Plage wird sich deinem Hause nahen. *Denn er hat seinen Engeln befohlen, daß sie dich behüten auf allen deinen Wegen, daß sie dich auf den Händen tragen und du deinen Fuß nicht an einen Stein stoßest.* Über Löwen und Ottern wirst du gehen, und junge Löwen und Drachen niedertreten. »Er liebt mich, darum will ich ihn erretten; er kennt meinen Namen, darum will ich ihn schützen. Er ruft mich an, darum will ich ihn erhören; ich bin bei ihm in der Not, ich will ihn herausreißen und zu Ehren bringen. Ich will ihn sättigen mit langem Leben und will ihm zeigen mein Heil!« (Ps 91)

Wenn auch die Bilder, in denen der Psalmist spricht, für die meisten von uns nicht mehr zum Alltag gehören, verstehen wir den Inhalt, den sie vermitteln wollen, doch sehr gut: Schirm, Schatten, Burg, Fittiche, Flügel ... *»Wer unter dem Schirm des Höchsten sitzt ...«* (V. 1) – jeder ist dazu eingeladen – *»und unter dem Schatten des Allmächtigen bleibt ...«*, der erfährt wunderbare Geborgenheit, allmächtigen Schutz in allen Lebenslagen. Mag es um die Hitze der Anfechtung gehen, ihre Intensität, ihre Dauer oder um Anfeindungen um des Glaubens willen oder um Krankheit – wer in der Gemeinschaft mit Gott bleibt, der erlebt: »Unter dem Schatten deiner Flügel habe ich Zuflucht« (Ps 57,2). Er macht diese persönliche Erfahrung: *»Meine Zuversicht und meine Burg, mein Gott, auf den ich hoffe«* (V. 2)! Auf dieses »mein« kommt es an: »Mein Gott!« – das ist eine personale Beziehung. Du, mein Gott, du hast dich mir geschenkt. Auf dich hoffe ich! Wer sprechen kann: »Du bist meine Zuversicht!«, der ist wirklich getröstet, der findet immer wieder den Weg aus der Furcht, und er lernt auch, mit Ängsten zu leben, ohne daß sie ihn gefangennehmen. Gerade das ist ja Ausdruck seines uneingeschränkten Vertrauens zu Gott, dessen gewiß zu sein: Ich bin immer in des Herrn Hand geborgen. Denn wir vertrauen unserem Gott in dem Maß unseres Glaubens, das heißt in dem Maß wie Gott eine Wirklichkeit für uns ist, wie er das Sagen in unserem Leben hat, ja, wie wir ihn lieben! Ganz verschieden ist daher auch das Ausmaß unseres Vertrauens.

Die einen leben in beständiger Unruhe, geraten leicht

aus der Fassung, wenn etwas Ungewöhnliches an sie herantritt; andere hingegen sprechen in Gelassenheit: »Meine Zuversicht und meine Burg, mein Gott«, dir vertraue ich! Du bist größer, mächtiger als alles, was mich bedrängen, was mich ängstigen will. Du bist der Allmächtige; außer dir ist kein Gott! Kein Feind, keine Macht, welchen Namen sie auch immer trägt, ist dir gewachsen.

Nicht der eigene Glaube spricht so, nicht er produziert dieses Vertrauen, sondern der einzigartige Gott, dem wir vertrauen. Damit ist dann unser Glaube doch kein Kleinglaube. Denn er erwartet von Gott nicht weniger als ganze Geborgenheit, umfassende Zuflucht in allen Gefahren. Der Glaube kann von Gott nicht weniger erwarten, als er von Gott zugesagt bekommt: Geborgenheit in aller menschlichen Ungeborgenheit!

Der Psalmist zählt nun verschiedene Lebenslagen auf, in denen er das erfahren hat. Eins wird dabei besonders deutlich und beseitigt damit das weitverbreitete Mißverständnis, als kenne der Glaubende keine Not des Leibes und der Seele. Auch er kommt hinein, aber Gott läßt ihn darin nicht umkommen, er läßt ihn nicht allein, er wacht über ihm, schützt ihn in diesen unheimlichen Gefahren, deren sich niemand aus eigener Kraft erwehren kann. »Du bist mein Gott, auf den ich hoffe!«

Keinem noch so raffiniert angelegten Plan böser Menschen oder Mächte wird es gelingen, uns zu Fall zu bringen, wenn wir uns unter Gottes Schutz begeben und wenn wir darunter auch bleiben. Kein Irrtum kann uns von Gott wegführen, wenn wir in seinem Wort der

Wahrheit bleiben. Keine Sünde kann uns tödlich infizieren, wenn wir im Heiligen Geist bleiben. Keine Krankheit kann uns von Gott trennen, wenn wir uns von ihm in ihr festhalten lassen und auch dann bei ihm bleiben. Dieses ›Bleiben‹ hat zentrale Bedeutung. Es ist der Ausdruck von beständigem Vertrauen. Und Vertrauen trägt in sich die Belohnung (Hebr 10, 35.36), das Verheißene zu empfangen. Es läßt uns nicht zuschanden werden (Ps 25, 3). *»Er wird dich mit seinen Fittichen decken, und Zuversicht wirst du haben unter seinen Flügeln. Seine Wahrheit ist Schirm und Schild«* (V. 4).

Solche Zuversicht ist wohltuend. Sie wissen vielleicht aus eigener Erfahrung, wie das Gefühl der Angst und Verlassenheit in der Nacht nicht nur die Realität total verzerrt, sondern wirklich zum Grauen werden kann. Dann werden die Nachtstunden zur peinigenden Qual. Aber auch tagsüber können uns die Anfechtungen, Ängste und Selbstvorwürfe so zu schaffen machen, daß wir meinen, wir seien spitzen, giftigen Pfeilen ausgesetzt. Und auch Krankheit des Leibes und der Seele mit ihren Schmerzen wollen uns fertigmachen, uns den Frieden und die Geborgenheit in Gott rauben.

Erinnern wir uns dann daran, und nehmen wir es auch für uns in Anspruch: »Seine Wahrheit ist Schirm und Schild!« Bergen wir uns in seinem Wort, wehren wir uns damit: »Es steht geschrieben« (Mt 4, 4), wie Jesus es getan hat, als der Böse ihn hinterhältig verführen wollte, dann erleben wir: *»Wenn auch tausend fallen zu deiner Seite und zehntausend zu deiner Rechten, so wird es doch dich nicht treffen«* (V. 7). Tödlich treffen wird es nur den, der nicht im Schutz Gottes, seinem Wort, bleibt. Wer in ihm bleibt und in wem es bleibt, den wird es nicht tödlich treffen. Darauf können wir uns verlassen, unbedingt! Gottes schützende Macht ist stärker als alles, was unser Leben bedroht. Gott hat beschlossen, die Seinen, die ihm vertrauen, mitten in aller Angst und Not nicht zu verlassen noch von ihnen zu weichen (Hebr 13, 5).

Wie dies nun geschehen kann, davon ist in dem folgenden Vers die Rede: *»Denn er hat seinen Engeln befohlen, daß sie dich behüten auf allen deinen Wegen, daß sie dich auf den Händen tragen und du deinen Fuß nicht an einen Stein stoßest«* (V. 11.12). Es geht um Gottes Vorsorge denen gegenüber, die ihm von Herzen vertrauen, die sprechen und leben: »Mein Gott, auf den ich hoffe!« Wer Gott zu seiner Zuflucht macht, findet Zuflucht bei ihm. Das ist Vertrauen, das in sich die Belohnung trägt: die Erfüllung der Verheißung! Nicht weil wir einen so starken Glauben haben, sondern weil Gott uns vertraut, weil er vorsorgt. Und er tut dies durch seine Engel. Von ihnen lesen wir im Hebräerbrief: »Sind sie nicht allesamt dienstbare Geister, ausgesandt zum Dienst um derer willen, die das Heil ererben sollen?« (1, 14). Die folgenden Verse in unserem Psalm bestätigen das.

Herrliche Bilder werden hier gebraucht, um unsere Geborgenheit in Gottes Treue und Fürsorge zu beschreiben. Gott hat seinen Engeln befohlen, sorgfältig über unserem Leben zu wachen, und das ganz besonders bei denen, die ihre Zuflucht bei ihm suchen. Gott hat seinen Engeln »befohlen«, das dürfen wir in zweierlei Hinsicht verstehen. Unser Vater im Himmel hat seine dienstbaren

Geister angewiesen, für uns da zu sein, auf uns zu achten, uns zu umsorgen. Daraus resultiert das andere: Wir sind den Engeln anbefohlen, ihrem Schutz befohlen, »daß sie dich behüten auf allen deinen Wegen«. Gottes Schutz, seine Fürsorge ist umfassend. Sie bezieht sich auf alle unsere Wege. Wie dies geschieht, wird uns hier nicht im einzelnen gesagt, aber aus dem Schriftzusammenhang der Bibel wissen wir, daß »wir nicht mit Fleisch und Blut zu kämpfen haben, sondern mit Fürsten und Gewaltigen, nämlich mit den Herren der Welt, die in dieser Finsternis herrschen, mit den bösen Geistern unter dem Himmel« (Eph 6,12; vgl. 2,2); daß also Schlachten geschlagen werden für uns in der unsichtbaren Welt; daß die Engel für uns Verschwörungen unsichtbarer, heimtückischer Mächte gegen uns aufdecken, vereiteln und abwehren. – Gewiß werden wir einmal staunen über die unzählbaren Hilfen, die wir als Kinder Gottes durch Gottes Engel erfahren haben, wie uns geholfen wurde von ihnen, Anfechtungen zu bestehen.

Es ist schon eigenartig, daß mit diesen Worten: »Er wird seinen Engeln deinetwegen Befehl geben; und sie werden dich auf den Händen tragen, damit du deinen Fuß nicht an einen Stein stößt« der Teufel versuchte, Jesus zu einer Machtdemonstration zu verführen, die nicht nach Gottes Willen war, und der Widersacher Gottes genau den Satzteil wegließ, auf den es ankam: »... auf allen deinen Wegen.« Jesus wehrte diese Versuchung ab mit seinem: »Es steht geschrieben!« Er wehrte sich mit Gottes Wort. Und am Ende des Berichts im Matthäusevangelium lesen wir: »Da verließ ihn der Teufel. Und siehe, da traten Engel zu ihm und dienten ihm« (Mt 4,11).

Auch wir werden erleben, wenn wir uns an Gottes Wort halten, *»daß sie dich auf den Händen tragen, damit du deinen Fuß nicht an einen Stein stößt.«* Stolpersteine werden uns aus dem Weg geräumt, ja, wenn es ganz kritisch wird, werden wir getragen werden, damit wir nicht zu Fall kommen. – Damit ist nicht gesagt, daß wir nicht in Erprobungen unseres Glaubens kommen, daß wir immer auf Rosen gebettet sein werden. Aber es ist gesagt: Auch wenn unser Fuß ins Stolpern kommt, Satan uns in die Ferse stechen sollte, werden wir nicht fallen, und sein Gift wird uns nicht töten, denn Gott hält uns fest, und in Jesu Blut haben wir das Gegenmittel, das uns vom Tod errettet (1. Joh 1, 7). Nichts und niemand wird uns scheiden von der Liebe Gottes!

Befiehl du deine Wege und was dein Herze kränkt der allertreusten Pflege des, der den Himmel lenkt. Der Wolken, Luft und Winden gibt Wege, Lauf und Bahn, der wird auch Wege finden, da dein Fuß gehen kann.

Dem Herren mußt du trauen, wenn dir's soll wohlergehn; auf sein Werk mußt du schauen, wenn dein Werk soll bestehn. Mit Sorgen und mit Grämen und mit selbsteigner Pein läßt Gott sich gar nichts nehmen: es muß erbeten sein.

Dein ewge Treu und Gnade, o Vater, weiß und sieht, was gut sei oder schade dem sterblichen Geblüt; und was du dann erlesen, das treibst du, starker Held, und bringst zum Stand und Wesen, was deinem Rat gefällt.

Weg hast du allerwegen, an Mitteln fehlt dir's nicht; dein Tun ist lauter Segen, dein Gang ist lauter Licht. Dein Werk kann niemand hindern, dein Arbeit darf nicht ruhn, wenn du, was deinen Kindern ersprießlich ist, willst tun.

Und ob gleich alle Teufel hier wollten widerstehn, so wird doch ohne Zweifel Gott nicht zurücke gehn; was er sich vorgenommen und was er haben will, das muß doch endlich kommen zu seinem Zweck und Ziel.

Hoff, o du arme Seele, hoff und sei unverzagt! Gott wird dich aus der Höhle, da dich der Kummer plagt, mit großen Gnaden rücken; erwarte nur die Zeit, so wirst du schon erblicken die Sonn der schönsten Freud.

Auf, auf, gib deinem Schmerze und Sorgen Gute Nacht! Laß fahren, was das Herze betrübt und traurig macht; bist du doch nicht Regente, der alles führen soll: Gott sitzt im Regimente und führet alles wohl.

Ihn, ihn laß tun und walten! Er ist ein weiser Fürst und wird sich so verhalten, daß du dich wundern wirst, wenn er, wie ihm gebühret, mit wunderbarem Rat das Werk hinausgeführet, das dich bekümmert hat.

Er wird zwar eine Weile mit seinem Trost verziehn und tun an seinem Teile, als hätt in seinem Sinn er deiner sich begeben und sollst du für und für in Angst und Nöten schweben, als frag er nichts nach dir.

Wird's aber sich befinden, daß du ihm treu verbleibst, so wird er dich entbinden, da du's am mindsten gläubst; er wird dein Herze lösen von der so schweren Last, die du zu keinem Bösen bisher getragen hast.

Wohl dir, du Kind der Treue! Du hast und trägst davon mit Ruhm und Dankgeschreie den Sieg und Ehrenkron: Gott gibt dir selbst die Palmen in deine rechte Hand, und du singst Freudenpsalmen dem, der dein Leid gewandt.

Mach End, o Herr, mach Ende mit aller unsrer Not; stärk unsre Füß und Hände und laß bis in den Tod uns allzeit deiner Pflege und Treu empfohlen sein, so gehen unsre Wege gewiß zum Himmel ein.

Paul Gerhardt 1607-1676

Be - greifen

Man kann dieses Wort in zweifacher Hinsicht verstehen: »Be-greifen« = fassen, verstehen, kapieren, in Gedanken aufgreifen oder aber auch:

»nicht be-greifen« im Sinne von nicht greifbar, nicht zum Anfassen, zum Begreifen, nicht in den Griff zu bekommen, nicht handgreiflich erlebbar.

Es gibt einen Psalm, in dem dieses Wort »be-greifen« uns verständlich nahegebracht wird. In Psalm 139 lesen wir in den Versen 5 und 6: »Von allen Seiten umgibst du mich und hältst deine Hand über mir. Diese Erkenntnis ist mir zu wunderbar und zu hoch, ich kann sie nicht begreifen.«

David ist es, der diese Worte spricht, und zwar im Zusammenhang mit seinem Schuldig-geworden-Sein durch seinen Ehebruch mit Batseba und der Anstiftung zum Mord an Uria, dem Ehemann der Frau, mit der er die Ehe gebrochen hat. In diesem Zusammenhang gehören auch die Psalmen 32, 51 und 103. Doch zurück zu unserem Psalm 139.

David erkennt: Ich kann hinfliehen ganz gleich, wohin, Gott ist überall da! »Herr, du erforschest mich und kennest mich« (V. 1). Dir kann ich nichts vormachen. Du kennst mich besser, als ich mich selbst kenne. »Ich sitze oder stehe auf, so weißt du es (...) Ich gehe oder liege, so bist du um mich« (V. 2.3). Ganz gleich, wo ich bin, du »siehst alle meine Wege«, und – was rede ich nicht alles den ganzen langen Tag – »siehe, es ist kein Wort auf meiner Zunge, das du, Herr, nicht schon wüßtest« (V. 4). Und dann sind da noch meine Gedanken von denen mancher denkt: Die sind ja frei, hinter die Stirn sieht mir keiner!

Sie kennen vielleicht diesen Kanon: »Wenn jeder hätte vor der Stirn aus hellem Glas ein Fensterlein, dahinter die Gedanken schwirr'n, und jeder könnte seh'n hinein. Ach, was gäb das ein Laufen, um matte Scheiben einzukaufen!« – Gott sieht hinter die Stirn. »Du verstehst meine Gedanken von ferne« (V. 2), bekennt David.

Das ist kein theoretisches Gedankenspiel über Gottes Allwissenheit und Allgegenwart, was da über Davids Lippen kommt. Nein, hier redet David mit seinem Richter, der ihn gestellt, der ihn in den Griff genommen hat, dem er nicht entrinnen kann. Er ist in seiner Hand. Es ist eine Zwiesprache mit Gott, Gebet. Die Worte Davids sind ganz persönliche Worte, das Eingeständnis der totalen Abhängigkeit von Gott, das Eingeständnis, Gott, sein Wesen und Walten nicht zu begreifen. Das geht über sein Denkvermögen. »Von allen Seiten umgibst du mich und hältst deine Hand über mir. Diese Erkenntnis ist mir zu wunderbar und zu hoch; ich kann sie nicht begreifen« (V. 5.6).

Je mehr David über das Geheimnis der Gotteswirklichkeit nachdenkt, um so unbegreiflicher erscheint ihm Gottes Wesen und zugleich um so törichter auch sein Versuch, diesem Gott zu entfliehen bzw. sich vor ihm zu verbergen. »Wohin soll ich gehen vor deinem Geist«, fragt er, »und wohin soll ich fliehen vor deinem Angesicht? Führe ich gen Himmel, so bist du da. Bettete ich mich bei den Toten, siehe, so bist du auch da. Nähme ich Flügel der Morgenröte und bliebe am äußersten Meer, so würde auch dort deine Hand mich führen und deine Rechte mich halten. Spräche ich: Finsternis möge mich decken und Nacht statt Licht um mich sein – so wäre auch Finsternis nicht finster bei dir, und die Nacht leuchtete wie der Tag. Finsternis ist wie das Licht« (V. 7-12).

David erkennt: Wo immer ich hingehe, ich laufe Gott in die Hände. Mein Geschick, Anfang, Mitte und Ende meines Lebens sind in seinen Händen. All meine Fluchtwege führen vor sein Angesicht. Aufgrund dieser Gegebenheit will ich meine Flucht und alle meine Ausflüchte einstellen. Ich will umdenken: Ich kann nicht fliehen; ja, ich muß nicht mehr auf der Flucht vor dir, meinem Gott, sein, sondern ich darf hinfliehen zu dir. Ja, ich darf bei dir bleiben, unter deinen Augen.

Diese Erkenntnis: »Von allen Seiten umgibst du mich ...« muß ich nicht mehr als Bedrängnis erleben, sondern kann sie als Geborgenheit erfahren. Du kennst mich – und liebst mich dennoch! Diese Erkenntnis ist das »Licht in der Finsternis«. Ja, es ist, als ob David damit ein Licht aufgegangen ist. Das ist zu wunderbar, als daß ich es begreifen könnte, sagt er. Und doch: Ich darf es erleben, ja, ich will es fassen: »... du hast meine Nieren bereitet und hast mich gebildet im Mutterleibe. Ich danke dir dafür, daß ich wunderbar gemacht bin; wunderbar sind deine Werke; das erkennt meine Seele. Es war dir mein Gebein nicht verborgen, als ich im Verborgenen gemacht wurde, als ich gebildet wurde unten in der Erde. Deine Augen sahen mich, als ich noch nicht bereitet war, und alle Tage waren in dein Buch geschrieben, die noch werden sollten, und von denen keiner da war. Aber wie schwer sind für mich, Gott, deine Gedanken! Wie ist ihre Summe so groß! Wollte ich sie zählen, so wären sie mehr als der Sand. Am Ende bin ich noch immer bei dir« (V. 13-18).

David erkennt: Mein Richter ist mein Schöpfer und zugleich mein Retter; er ist mein Herr und mein Heiland in einer Person. Daraus zieht er die praktische Folgerung (V. 19-24): Ich muß nicht mehr vor ihm fliehen. Ich darf bei ihm bleiben. Ja, ich will bei ihm bleiben, in seiner Gegenwart. Ich will ihm ganz gehören, dem Gott, der mich trotz meiner Schuld, meiner Sünde, meines Ungehorsams – und wir können ergänzen: trotz meines Murrens und Klagens, meiner Zweifel und meines Kleinglaubens – liebt. Dem will ich ganz gehören! Unter der Erfahrung der Vergebung seiner Schuld wird es David im doppelten Sinne »be-greif-bar«, was es heißt, daß Gnade im Recht ergeht, was es heißt: ». . . du erforschest mich und kennest mich.« Doch jetzt ist es ein anbetendes Staunen: Du schickst mich nicht weg von dir!

»Mit der Bitte: ›Erforsche mich, Gott, und durchschaue mein Herz!‹« öffnet David sein Inneres dem Herrn, der ihn besser kennt, als er sich selbst erkennt, damit er ihn prüfe bis auf den Grund seines Herzens und – wo es not tut – vor schlimmem Weg bewahre. Ich weiß, so will er sagen, daß ich mich selbst nicht bewahren kann, und bin keineswegs sicher, daß ich nicht auf dem Weg zur Pein, sondern auf ›ewigem Wege‹ bin. Darum laß mich, o Herr, in dessen Gewalt ich bin, deiner gnädigen Leitung befohlen sein, und führe mich den Weg, der ins Leben führt. So spricht der Glaube, der sich dem Herrn mit Leib und Seele anvertraut. Er flüchtet sich zu dem, vor dem keine Flucht möglich ist, und wird beschirmt.« (Helmut Lamparter) [1]

Wie gut, daß auch wir, was David in seinem Leben erfahren hat, fassen, begreifen, für uns in Anspruch nehmen dürfen.

Gott ist überall

Herr, du hast mich durchschaut und
analysiert. Ob ich mich hinsetze
oder draußenstehe, – du weißt, wo
ich bin. Beim Schlafen siehst du mich
und beobachtest auch, wo ich heimlich
hingehe. Du bist mir so nahe, wie
die Luft, die ich atme – ja du kennst
mich sogar von innen – alle meine
Gefühle sind dir offenbar.

Bevor ich überhaupt ein Wort sage,
weißt du schon, was ich meine und
was ich will. Kein Täuschungsmanöver
hält vor dir stand und auch kein
heimlicher Groll – sogar meine
unreinen Blicke registrierst du. –

Es gibt keinen Raum, den du nicht
ausfüllst. Ich wohne in dir, jeder Schritt
ist von dir umgeben. Über mir ist
deine Hand, aber nicht um zu strafen,
sondern um mir zu helfen –
um zuzugreifen, wenn ich strauchle.
Es hat keinen Zweck, das mit dem
Verstand begreifen zu wollen. Weder
Logik noch Wissenschaft können
es erklären. In meinem Herzen aber
ahne ich die Wahrheit – manchmal
kann ich die Wirklichkeit deiner
Nähe spüren.

Wenn ich dich lossein wollte, wüßte
ich nicht, wohin ich gehen sollte.
Nicht einmal durch die schnellste
Rakete könnte ich dir entfliehen.
Selbst ein anderer Planet, den ich
erreichte, würde mich deiner Gegen-
wart nicht entziehen.

Dein Angesicht beobachtet mich, und
deine Augen sind unheimlich nah.
Ein Tiefseetaucher nimmt dich
in seiner Taucherglocke mit, und selbst
tausend Meter Wasser trennen nicht
von dir. – Die Weltraumpiloten
haben dich in ihrer Kabine, und wenn
sie dich auch nicht sehen, so siehst
du sie doch und lachst über ihren eitlen
Hochmut.

Da sind Gottlose, die ihre Gedanken
verdunkeln und abschirmen gegen
dich – da sind böse Heimlichkeiten in
jeder Nacht, verborgen vor der
Öffentlichkeit und aus Furcht vor der
Entdeckung. Du aber siehst sie in
ihrer Finsternis, als sei es heller Tag.

An deinem Gerichtstag wirst du
sie überraschen und erschüttern, weil
du alles weißt und keine Entschul-
digung vor dir gilt.

Ich danke dir, Gott, daß du alles
gemacht hast – auch mich hast du
erschaffen im Mutterleib, und du kennst
alle meine Organe. Für dich ist
alles wichtig, was mich betrifft. Deine
Liebe interessiert sich auch für die
kleinen Nöte meines Alltags.

Herr, erforsche mich und zeige mir,
wer ich bin, prüfe mein Herz und
offenbare mir meine Motive – zeige
mir, wenn ich den falschen Standpunkt
habe und verkehrte Wege gehe.
Leite du mich auf dem richtigen Weg,
der zur Ewigkeit führt.

Wilhard Becker, nach Psalm 139[2]

Be - geiste(r)t

Ich habe nachgelesen, wie man dieses Wort ›be-geistert‹ umschreiben kann. Folgende andere Wörter habe ich dafür gefunden:

Anregen, erwärmen, befeuern, entflammen, entzünden, mitreißen, mitgerissen werden, entzücken, trunken, enthusiasmieren, erheben, erglühen, hinreißen, Feuer fangen, außer sich geraten, den Kopf verlieren, aufregen, erhitzen, außer sich, ekstatisch, überspannt, schwärmerisch, rauschhaft, berauscht.

Als Hauptwort fand ich folgende Definitionen für das Wort ›Begeisterung‹:

Enthusiasmus, Entzücken, Rausch, Entrückung, Verzückung, Faszination, Bezauberung.

Für das Wort ›begeistet‹ sein war es schon schwerer, entsprechend andere Worte zu finden:

Voll Geistes sein, im Geist wandeln, vom Geist bestimmen, beeinflussen, korrigieren lassen; hier ist immer der Heilige Geist, der Geist Gottes gemeint.

Ein Beispiel aus der Bibel macht den Unterschied zwischen ›begeistert‹ und ›begeistet‹ sein besonders deutlich. Als Jesus am Palmsonntag in Jerusalem einzog, da war die Menge des Volkes ›begeistert‹. Sie rief: »Gelobt sei, der da kommt in dem Namen des Herrn, der König von Israel« (Joh 12, 13; Mk 11, 9), »hosianna«. Und dann wenige Tage später war die Begeisterung aus und vorbei. Da schrien sie nur noch: »Kreuzige ihn!« (Mk 15, 14).

›Be-geistet‹ leben meint doch etwas völlig anderes als ›be-geistert‹ leben.

Ganz aktuell ist in unseren Tagen das Thema »Fülle des Heiligen Geistes« wieder geworden. Zugleich aber setzt eine gewisse Verunsicherung ein, was darunter zu verstehen ist. So kann es passieren, daß man auf die Frage – an einen gläubigen Menschen gerichtet –, ob er an Jesus Christus als an seinen Heiland glaubt, ein spontanes, eindeutiges Ja zu hören bekommt. Fragt man weiter, ob er den Heiligen Geist empfangen habe, setzt bereits ein Zögern ein, dem man die absichernde Überlegung folgen läßt: Ich glaube an Jesus – und laut Aussage des Neuen Testamentes kann niemand Jesus seinen Herrn nennen ohne den Heiligen Geist (1. Kor 12, 3), demnach habe ich auch den Heiligen Geist. Fragt man dann aber noch weiter, ob er die Fülle des Heiligen Geistes empfangen habe, dann kann es geschehen, daß eine gewisse Verunsicherung beim Gefragten eintritt. Denn beantwortet er diese Frage negativ, hat er Bedenken, in den Augen des Fragenden abqualifiziert zu werden. Die Frage positiv beantworten kann er auch nicht so recht, weil er oft am Leben derer Anstoß nimmt, die lautstark behaupten, sie hätten die Fülle des Heiligen Geistes. Ihr Leben jedoch belegt vielfach nicht diese Aussage, macht sie eher fragwürdig. So läßt man sich an dem Maß des Glaubens, das man selbst erlebt hat, genügen. Man ist nicht davon überzeugt, daß diese proklamierte Fülle des Heiligen Geistes im Blick auf das eigene Leben brauchbarer macht. Der heimliche Wunsch nach reicherer Glaubenserfahrung wird dadurch erstickt.

Die entscheidende Frage für einen Nachfolger Jesu ist nicht die Frage nach der »Fülle des Heiligen Geistes« im Zusammenhang mit einem besonderen religiösen Erlebnis. Es ist vielmehr die Frage nach einer Lebensweise aus dem Glauben! Paulus sagt im Epheserbrief, Kap. 5, in den Versen 15-20:

»Seht nun sorgfältig darauf, wie ihr euer Leben führt, nicht als Unweise, sondern als Weise und kauft die Zeit aus, denn es ist böse Zeit. Darum werdet nicht unverständig, sondern versteht, was der Wille des Herrn ist. Und sauft euch nicht voll Wein, woraus ein unordentliches Wesen folgt, sondern laßt euch vom Geist erfüllen. Ermutigt einander mit Psalmen und Lobgesängen und geistlichen Liedern, singt und spielt dem Herrn in eurem Herzen und sagt Dank Gott, dem Vater, allezeit, für alles, im Namen unseres Herrn Jesus Christus!« –

Die entscheidende Frage für einen Nachfolger Jesu ist also nicht die Frage nach einem besonderen religiösen Erlebnis, nach Begeisterung, sondern die Frage nach der Fähigkeit, aus dem Glauben an Jesus Christus zu leben. In meiner Lebenspraxis entscheidet sich, »wes Geistes Kind« ich bin! Und meine Lebenspraxis hängt ganz eng mit dem zusammen, was mich bestimmt und ausfüllt. Was wir sind und wie wir leben, läßt Rückschlüsse zu auf das, was uns motiviert, was wir denken. Denn nach den

Aussagen Jesu ist unser Herz die Steuerzentrale, die Denken, Reden und Tun bestimmt. Wenn man versucht, das voneinander zu trennen, dann ist man ein Heuchler. Dann ehrt man Gott mit den Lippen, aber das Herz ist ferne von ihm (Jes 29,13). Was wir denken, hängt nun aber auch wieder davon ab, was wir an Einflüssen auf uns wirken lassen. Dabei geht es nicht ohne Auseinandersetzung mit den Gedanken, Eindrücken und Kräften, die uns täglich bestürmen. Sie müssen verarbeitet werden.

Nun gibt es Nachfolger Jesu mit geringen Ansprüchen an ihre Nachfolge, und es gibt Nachfolger Jesu, die in sich die Sehnsucht nach einem qualifizierteren Leben tragen. Sie wollen ihre Leben nicht erschöpfen in der Erfüllung materieller Bedürfnisse. Sie haben das Verlangen nach einer göttlichen Wertung ihres Lebens, nach Wachstum und Reifung. Dabei merken sie, daß sie das aus eigener Kraft nicht schaffen. Es ist meistens so: Je stärker dieser Wunsch ist, desto größer die Konflikte. Bei aufrichtiger Prüfung des eigenen Lebens stellt man fest, daß es nicht dem Standard entspricht, den man sich von Herzen wünscht.

Es gibt in diesem Konflikt eine Scheinlösung. Sie besteht im Verlangen nach Rausch. Zu den bekanntesten Mitteln gehören Alkohol und Drogen. Doch es gibt noch weit mehr Möglichkeiten, diesen Wunsch nach einem geheiligteren Leben zu überspielen und sich in einen Rausch zu versetzen. Es gibt einen Rausch in der Bewegung, im Autofahren, im Vergnügen, im Reisen, in der Arbeit – auch im frommen Einsatz – im Jagen nach neuen Erlebnissen, in den fernöstlichen Religionen usw. Wenn man diesen verschiedenen Erlebnissen auch unterschiedliche Wertungen beimessen muß, und sie für das Leben auch ganz unterschiedliche Konsequenzen nach sich ziehen, sind sie doch alle nur eine Scheinlösung in der Sehnsucht nach einem gereifteren Leben in der Heiligung. Früher oder später wird jeder Rausch zu einer Ernüchterung führen. Die eigentliche Leere einer scheinbaren Lebensqualität wird dann erdrückend, sie führt zur Verzweiflung, ja nicht selten zur Sinnlosigkeit des Lebens.

Es gibt eine Alternative zu dieser Scheinlösung. Die Bibel nennt die echte Lösung: Das Erfülltwerden mit dem Heiligen Geist! Im Gegensatz zu den angeführten Scheinlösungen, bei denen der Mensch in Aktion tritt, ist das Erfülltwerden mit dem Heiligen Geist eine Aktion Gottes. Meine Haltung ist die der Erwartung. Ich nehme den Heiligen Geist in mein Leben auf; ich kann ihn nicht selbst hervorbringen, ich bin auf das Kommen des Heiligen Geistes von außen in mein Leben angewiesen. Nicht durch Selbstverwirklichung bekomme ich den Heiligen Geist. Auch nicht dadurch, daß ich Vorleistungen, ja überhaupt eine Leistung vollbringe. Es gilt die passive Grundform: Erfülltwerden mit dem Heiligen Geist. Wir sind Empfangende. An uns geschieht etwas. Darum, weil der Heilige Geist Geschenk ist, ist er unabhängig von physischer und psychischer Verfassung unsererseits. Es gehört eine demütige Haltung dazu, dieses an sich geschehen zu lassen. Gott sagt es zu, daß er dem Demütigen Gnade widerfahren lassen will (1. Petr 5, 5; Jak 4, 6).

An einem Bild möchte ich das Geschehen »Erfülltwerden mit dem Heiligen Geist« aufzeigen. Die Bibel sagt, daß unser Leib der Tempel des Heiligen Geistes ist (1. Kor 3,16; 6,19). Nehmen wir dieses Bild und vergleichen wir unser Leben mit einem Haus. Verschiedene Stufen gibt es bei diesem »Erfülltwerden mit dem Heiligen Geist«.

– Der Heilige Geist kommt in unser Haus, wenn wir gläubig werden. Wir geben ihm ein Zimmer und sagen: Dieser Heilige Geist, diese göttliche Persönlichkeit, die Realpräsenz Jesu heute, ist mir natürlich herzlich willkommen. Ich habe ihn gern und opfere ihm auch gern ein Zimmer mit separatem Eingang. Er kann kommen und gehen, wann er will. Aber er muß nicht alles mitbekommen, was in meinem Haus vor sich geht. Ich will schließlich mein Eigenleben führen, schon noch Herr sein. Ich will mich zwar regelmäßig mit ihm treffen, ich fühle mich ja durch seine Anwesenheit geehrt, aber jeder wird doch einsehen, daß es vernünftig ist, Grenzen anzuerkennen und auf Abstand zu bleiben.

– Nun wohnt der Heilige Geist bei uns, denn er verweigert diese Behandlung nicht. Er ist demütig. Durch regelmäßigen oder gelegentlichen Umgang mit Gott und seinem Sohn Jesus Christus – durch Gebet und Studium des Wortes Gottes – gewinnen wir Vertrauen und sammeln Erfahrungen mit der Kraft des Heiligen Geistes. Wir erleben: Wir gehören zusammen. Die Grenze, die anfangs noch gesetzt war, die Grenze der Angst, ist aufgehoben.

– Dann reift in irgendeiner Stunde unseres Lebens die Überzeugung: Der Heilige Geist ist es wert, daß er alle

Räume meines Hauses kennenlernt, also alle Lebensgebiete. Auch den Keller, das Unterbewußte, wohin so vieles verdrängt worden ist, das Unbewältigte des Lebens an Schuld und bedrückenden Versäumnissen. Aber auch den Dachboden, wo so vieles abgestellt ist, von dem man sich nicht wirklich konsequent trennen will. Es könnte doch einmal nützlich sein. Oder einzelne Zimmer, ganz gewisse Lebensgebiete, die wir immer noch von innen verschlossen halten. Vielleicht sind es auch nur Schränke, vielleicht sogar »nur« Schubladen, die wir verschlossen halten, zu denen wir den Schlüssel in der Faust haben und nicht herausrücken. Es kann dort aber Entscheidendes zurückbehalten werden. Dann spüren wir eines Tages, ich muß die Schlüssel herausrücken, wenn mein Leben sich weiter ändern soll. Vielleicht fällt einmal – um im Bild zu bleiben – ein Schrank um, die Schubladen fallen alle heraus. Dann sagt Jesus: Komm, ich helfe dir einräumen. Alles, was du nicht mehr brauchst, laden wir jetzt ab unter dem Kreuz von Golgatha. Dort ist die rechte Stelle! Es könnte aber auch sein, daß Gottes Güte diese Wende im gottvertrauenden Denken herbeiführt, daß wir erkennen: Gott ist uneingeschränkt für mich. Sein Geist will mich in alle Wahrheit leiten. Wir haben keine Angst mehr, er wollte uns irgendwie fertigmachen, uns das Leben schmälern. Wir vertrauen ihm, daß er unser Leben reich und sinnvoll macht. Wir erfahren, er versteht mich, er liebt mich, er achtet mich wert – darum kann ich mich ihm auch völlig offenbaren und anvertrauen.

– Eines Tages sagen wir dann: Es ist wahr, er bestimmt die ganze Atmosphäre im Haus. Ich kann mir gar nicht mehr vorstellen, wie mein Leben ohne ihn wäre. Alles bespreche ich mit ihm, und nichts geschieht ohne ihn und niemals etwas gegen ihn. Er ist doch der Herr im Haus. Seine Anweisungen sind gut für mich, sie sind Hilfen zum Leben. Ohne ihn wäre ich gar nicht der, der ich bin, nämlich Gottes Kind!

Das ist – im Bild gesprochen – das »Erfülltwerden mit dem Heiligen Geist«. Es ist das Seinem-Wirken-Raum-Geben, es ist Gehorsam seinen Anweisungen gegenüber. Rücken Sie doch all die Schlüssel heraus, die Sie noch krampfhaft in Ihrer Hand halten, damit Gottes Geist weiter in Ihnen wirken kann und Ihr Leben reiner, heiliger, qualitativer wird. Gott bricht keine Türe auf, im Gegensatz zu den fernöstlichen Praktiken. Nein, er lädt ein durch seinen Sohn Jesus Christus, der spricht: »Siehe, ich stehe vor der Tür und klopfe an. So jemand meine Stimme hören wird und die Tür auftun, zu dem werde ich eingehen und das Abendmahl mit ihm halten und er mit mir« (Offb 3,20) – engste Lebensgemeinschaft zu haben!

»Wes Geistes Kind ich bin« entscheidet sich also wesentlich nicht am Vokabular, sondern an meinem Leben, an meiner Lebenspraxis.

An vier Bereichen möchte ich deutlich machen, welche Auswirkung es im Leben eines Menschen hat, wenn er mit dem Heiligen Geist als mit der Kraft Gottes erfüllt ist. Dabei gilt es immer zu bedenken, daß der mit dem Heiligen Geist Erfüllte nie im Besitz des Heiligen Geistes ist in dem Sinne, als hätte er ihn sicher in der Tasche. Es geht vielmehr darum, stets aufgeschlossen zu sein für das Wirken des Heiligen Geistes, damit er uns im Griff haben kann. Denn es ist ja ein lebendiges Verhältnis entstanden, eine Beziehung zu ihm.

Der Heilige Geist kehrt in meinem Leben aus, bevor er einkehrt.

Er reinigt mein Denken, meinen Geist, indem Gottes Geist mich inspiriert. Meine Motivation wird sauber. »Schaffe in mir, Gott, ein reines Herz, und gib mir einen neuen beständigen Geist. Verwirf mich nicht von deinem Angesicht, und nimm deinen Heiligen Geist nicht von mir. Erfreue mich wieder mit deiner Hilfe, und mit einem willigen Geist rüste mich aus« so betet z. B. David (Ps 51,12-14). Mit Gottes Geist ziehen Friede und Freude, Geborgenheit und Freiheit, Liebe und Zuversicht ein.

Durch die Wirkung des Heiligen Geistes kommt es zu spontanen Aktionen und Reaktionen,

zu Impulsen, etwas zu sagen oder zu tun. Die Initiative kommt nicht von mir, sondern von Gott. Im Augenblick spürt man das manchmal gar nicht so genau. Aber rückblickend kann man an der heilsamen Auswirkung erkennen, daß es gut und gottgewollt war. Es macht dann unwahrscheinlich glücklich, wenn man Jesus dankbar sagen kann: Du hast mir durch den Heiligen Geist einen phantastischen Hinweis gegeben. Auf diese Art und Weise gibt es viele praktische Möglichkeiten einer spontanen Zuwendung: Ein kurzer Besuch, ein Telefonanruf, ein Brief, eine Karte, ein Blumenstrauß, ein Dank, ein aufrichtiges Erkundigen: wie geht's?, eine kleine Freundlichkeit ohne Worte usw.

Zugleich muß man aber sagen: Spontan bedeutet nicht jeden Tag dasselbe. Wenn wir ständig auf der Lauer sind, etwas zu tun, dann kann das in ein Leistungsdenken ausarten, dann ist es nicht mehr spontaner Dienst, dann ist man auch nicht mehr geschützt, sondern den Nöten, Bedürfnissen und Ansprüchen der Mitmenschen ausgeliefert. Das ist aber nicht das Werk des Heiligen Geistes. Spontaneität heißt: in Aktionsbereitschaft leben, nicht ängstlich, sondern Gott vertrauend. Er wird mir Anweisung geben, und ich will hören und gehorchen, denn was er mir zu tun aufträgt, ist gut.

Im Einflußbereich des Heiligen Geistes kommt es zur Veränderung des Lebens und von Situationen.

Wer immer nur vom Heiligen Geist redet, aber nichts tut, erweckt Mißtrauen. Denn einen Menschen voll Heiligen Geistes erkennt man nicht primär an frommen Reden oder an der Beschreibung religiöser Erlebnisse, sondern an den Wirkungen, die von seinem Leben ausgehen. »Ihr werdet die Kraft des Heiligen Geistes empfangen (...) und werdet meine Zeugen sein« (Apg 1, 8). Wir werden sogar größere Dinge als Jesus tun« (vgl. Joh 14, 12). Das verheißt Jesus denen, die sich dem Wirken seines Geistes aussetzen. Eine solche Wirkung ist z. B. die Bereitschaft zur Vergebung und Versöhnung, einem Menschen die Hand zu reichen und zu sagen: Ich trage dir nichts mehr nach; oder zwei Menschen wieder zusammenzuführen in gottgeschenkter Weisheit; einem in Not und Anfechtung Verstrickten durch persönliche Zuwendung, durch Liebe und Güte zu neuer Festigkeit im Glauben zu verhelfen; einen Depressiven mit Geduld zu begleiten, ihn immer wieder mit Verheißungen Gottes aufzurichten, so daß er langsam wieder Selbstvertrauen aufgrund seines Vertrauens zu Gott findet. Der Heilige Geist ist die Kraft, den Glauben, das von Gott geschenkte neue Leben zu verwirklichen. Der Glaube allein reicht nicht aus.

Der Heilige Geist ändert nicht immer schlagartig unsere ganze Persönlichkeit.

Vielmehr ist es so, daß es eine sogenannte Langzeitwirkung des Heiligen Geistes gibt. Wer mit dem Heiligen Geist erfüllt ist, wird nicht ohne weiteres eine totale Charakterveränderung erfahren, wenn man unter Charakter die ursprüngliche Veranlagung des Menschen versteht. Der Heilige Geist macht einen Menschen nicht »ganz anders«. Vielmehr besteht seine Arbeit auf lange Zeit darin, daß er in einem menschlichen Leben alle positiven Qualitäten stärkt, sie wachsen läßt, aus der Resignation hervorholt, Freude, Vertrauen und Zuversicht zuspricht; daß er die negativen Seiten des Menschen umkehrt, umgestaltet, sie uns aber auch warnend vor Augen hält als Grenze und Grund zur Demut. Das bewahrt uns vor Überheblichkeit und Selbstsicherheit. In diesem Sinne macht er nicht »alles ganz anders«, sondern charakterisiert menschliches Leben auf göttliche Weise. Unter dem Einfluß des Heiligen Geistes wird unsere Persönlichkeit profiliert. Erfülltwerden mit dem Heiligen Geist ist das Durchdrungenwerden der originalen Persönlichkeit eines Menschen mit Gottes Leben. Aber damit ist der neue Mensch noch lange nicht vollendet.

Das Erfülltwerden ist eine Arbeit und braucht Zeit – es hat ein Ziel!

Das Ziel ist, daß unser Leben Gott verherrlicht. Das geschieht nach unserem Textwort in zweifacher Weise. Zunächst in einer guten zwischenmenschlichen Beziehung. Unter dem Einfluß des Heiligen Geistes bekommen wir ein neues Lied auf die Lippen. Die alte Leier verschwindet. Unsere Worte verlieren ihre zerstörerische und trennende Macht, sie bekommen verbindende und heilende Kraft. Dadurch vermögen wir konstruktiv zu leben, gemeinschaftsfördernd.

Aber auch die Beziehung zu Gott wird heil. Wir lernen ihn besser verstehen. Wir lernen zu danken für seinen Weg mit uns. In diesem Danken kommt Neues in unser Leben. Wer dankt, lebt bewußt. Wer bewußt lebt, lebt intensiv. Er nimmt nichts mehr für selbstverständlich. Daraus resultiert eine tiefe Bereicherung des Lebens. Ich erahne etwas von dem Geheimnis, daß denen, die Gott lieben, alle Dinge zum Guten dienen, zum Ausreifen (Röm 8,28). Damit komme ich vom Vordergründigen weg zum Hintergründigen. Ich lerne allezeit für alles Gott zu danken, weil ich mich immer in Gottes Hand geborgen weiß. Selbst wenn es darum geht, aus der Tiefe heraus Gott zu loben, tut sich mir ein Weg auf, im Danken Gottes Herrlichkeit zu schauen, denn Gott sagt (Ps 50,23): »Wer Dank opfert, der preiset mich und da ist der Weg, daß ich ihm zeige das Heil Gottes.«

Möchten Sie es ganz neu wissen, »wes Geistes Kind« Sie sind? Daß Gottes Geist Ihrem Geist Zeugnis gibt, daß Sie sein Kind sind und er das in Ihnen begonnene Werk fortführen und vollenden will? Damit dieses auch geschehen kann: Rücken Sie alle Schlüssel heraus!

Zum Abschluß ein Wort des Apostels Paulus aus dem Römerbrief, Kap. 8, die Verse 12, 14-18 in unserer Sprache:

»Liebe Brüder, wir sind künftig unserem Egoismus, unserer Herrschsucht und dem Zwang, Böses zu tun, nicht mehr verpflichtet. Denn wer sich von Gottes Geist führen läßt, der ist ein Kind Gottes. Es ist ja nicht so, daß wir weiterhin in Angst leben müßten, in der Angst, den Geist Gottes wieder zu verlieren, oder in der Angst, es Gott nicht recht zu machen. Wir haben doch die Zusage erhalten: ›Ihr seid Kinder Gottes.‹ Nun tun wir weiter nichts als das eine, das nötig ist, und wozu wir berechtigt sind: Wir rufen zu Gott: Lieber Vater! und halten uns an ihn.

Wir könnten das nicht, wenn es nicht Gottes Geist selbst wäre, der uns immer wieder sagt: Du bist ein Kind Gottes! Wenn wir aber Kinder Gottes sind, dann gehören wir zu ihm. Das hört nicht eines Tages auf, etwa mit unserem Tode. Wir gehören in sein Haus für alle Ewigkeit. Wir kehren zu ihm heim wie Christus selbst.

Es kommt nur darauf an, dicht neben Christus zu gehen, mit ihm zu leiden, wenn es sein muß, und mit ihm in die herrliche Welt Gottes einzutreten. Denn davon bin ich überzeugt: Alles, was es in dieser Welt an Leiden gibt, an Schmerzen und Entbehrungen, ist bedeutungslos. Es ist der Rede nicht wert gegenüber der kommenden Herrlichkeit, die Gott uns zeigen – mehr noch: die er uns schenken will.«[3]

O Heilger Geist, kehr bei uns ein. So hast du uns oft beten hören. Wir wollten deine Wohnung sein, dich bitten, bei uns einzukehren. Wir brauchten dich, wir brauchten deine Gaben, doch wollten wir noch vieles andre haben, was deinen Platz in uns dir streitig machte und was dich nach und nach zum Schweigen brachte. Wir ließen dich nicht das tun, was du wolltest, weil du nur helfen, doch nichts ändern solltest.

O Heilger Geist, kehr bei uns aus – so vieles muß aus uns verschwinden. Feg alles, was nichts taugt, hinaus, auch wenn wir selbst es richtig finden. Feg Hochmut, Neid und Haß aus allen Ecken, auch das, was wir noch vor uns selbst verstecken. Nimm Geld und Macht und unsre andern Götzen und reiß sie von den angestammten Plätzen, und schaff dir Raum zum Schalten und zum Walten. Dreh alles um und laß nichts mehr beim Alten.

O Heilger Geist, kehr bei uns ein – du sollst für immer hier verweilen. Du sollst kein Gast bei uns mehr sein, sollst uns nicht mehr mit andern teilen. Und daß du in uns lebst, das wird man spüren: denn du wirst nicht nur uns zur Wahrheit führen. Du läßt an uns, auch wenn wir's kaum begreifen, die Liebe, die Geduld wie Früchte reifen. Und daß du in uns lebst, das wird man hören, denn was wir sagen werden, wird Gott ehren.

O Heilger Geist, kehr bei uns ein – du kannst den letzten Winkel füllen. Wir möchten gern wie Jesus sein; gestalte uns nach seinem Willen.

Manfred Siebald

Durch - kreuzt

»Durch-kreuzt« – wenn wir dieses Wort hören, ist unser erstes Empfinden destruktiv. Wir denken an vereitelte Pläne, an Enttäuschungen, zunichte gewordene Hoffnungen; da hat etwas nicht geklappt, ist nicht zustandegekommen. »Durch-kreuzt« – da ist etwas ›quer‹ gegangen.

»Das Kreuz ist eine Realität in jedem Menschenleben«, schreibt Phil Bosmans, der Telefonseelsorger Antwerpens, in seinem lesenswerten Buch »Vergiß die Freude nicht«. »Früher oder später stößt du mit deinem Kopf gegen den häßlichen Querbalken, der dein Leben zu einem Kreuz macht. Du wirst krank. Du verunglückst. Ein lieber Mensch stirbt. Dein Berufsweg wird durchkreuzt. Du wirst betrogen, im Stich gelassen durch den eigenen Mann, die eigene Frau. Man arbeitet gegen dich. Man macht dich fertig. Du kannst nicht mehr.

Dieser Querbalken kann alle Formen und Ausmaße annehmen. Er nimmt keine Rücksicht auf Titel und Position, auf Namen und Ansehen, auf die Dicke deiner Brieftasche noch auf deine Beziehungen oder deinen Erfolg bei Menschen. Du bist glücklich, alles läuft wunderbar. Und plötzlich ... dieser schreckliche Querbalken. Er kann dir so zur Qual werden, daß du – zermürbt, zerschlagen – den Tod herbeisehnst.

Du hast keine Wahl. Du trägst dein Kreuz, oder es wird dich erdrücken. Aber du kannst es nur tragen, wenn du Sinn und Aufgabe des Kreuzes begreifen lernst. Das Kreuz bringt dich zu deiner Wahrheit zurück, zu deinem wahren Maß eines armen, schwachen, verwundbaren kleinen Menschenkindes.

Das Kreuz kann dich aus den Dingen befreien, die dich zu ersticken drohen. Es kann dich lösen aus deiner Mittelmäßigkeit. Es ist wie eine Antenne, mit der du eine Nachricht von Gott empfangen kannst. Sie wird dich nicht von deinem Leiden erlösen, aber von der Sinnlosigkeit, der Unfruchtbarkeit des Leidens. Du kannst wieder »Mensch« werden, und es kann geschehen: Du siehst alles anders und viel besser mit Augen, die geweint haben.«

»Durch-kreuzt« kann somit eine ganz neue Bedeutung für uns bekommen. Aus dem Minus, der Sinnlosigkeit vieler nicht verstandener Wegführungen, kann ein Plus werden; Sinn kann ins Leid und Leiden kommen. Dieses Minus, dieser Querbalken, wird »durch-kreuzt« von Gottes guter Absicht.

An einem Bibelwort will ich das verdeutlichen. Jesaja 53, 3.4 – ein Wort, das wir in der Passionszeit öfters hören und lesen:

»Fürwahr, er trug unsre Krankheit und lud auf sich unsre Schmerzen. Wir aber hielten ihn für den, der geplagt und von Gott geschlagen und gemartert wäre. Aber er ist um unsrer Missetat willen verwundet und um unsrer Sünde willen zerschlagen. Die Strafe liegt auf ihm, auf daß wir Frieden hätten, und durch seine Wunden sind wir geheilt.«

Wir werden durch dieses Wort aus dem Buch Jesaja an Jesus erinnert, der den Karfreitag, das Kreuz nicht gesucht hat und der bis zuletzt seinen Vater im Himmel gebeten hat, daß der Kelch doch an ihm vorübergehe: »Mein Vater, ist's möglich, so gehe dieser Kelch an mir vorüber; doch nicht, wie ich will, sondern wie du willst« (Mt 26, 39).

So ist der Karfreitag, das Kreuz, die Erinnerung daran, daß Jesus seinen Lebensweg hat »durch-kreuzen« lassen, damit aus dem Minus vor unserem Leben ein Plus werde. »Durch« das »Kreuz« ist dies Realität geworden. Das Kreuz ist der sichtbare Beweis der Liebe Gottes zu uns. Am Kreuz nahm der Sohn Gottes die Todesstrafe auf sich, die wir alle verdient haben aufgrund unseres gegen Gott gerichteten Eigenwillens. Jesus blieb nicht in der himmlischen Etappe und schaute sich die verzweifelte Lage der Menschen in ihrer Schuldverstrickung an. Er ließ sie nicht die Suppe, die sie sich im Paradies eingebrockt hatten, selbst auslöffeln. Er drückt auch nicht beide Augen zu, um die Sünde zu bagatellisieren. Nein, er ließ sich für uns aburteilen. Von der Krippe bis zum Kreuz war der Zweck seines Lebens das Sterben für uns.

Das Kreuz von Golgatha war kein aus Eichenholz geschnitztes, aus Marmor gehauenes oder aus Metall gegossenes Kunstwerk. Es war ein roh zusammengezimmerter Balken. Da hat Jesus für uns geblutet, da hat er für uns alle den Kopf hingehalten. Das ist keine alte, dramatische Legende. Das Geschehen am Kreuz ist die Erlösung für die Welt, für Sie und für mich, für alle, die es für sich in

Anspruch nehmen. »Am Kreuz kann unser Leben die entscheidende Wende erfahren: Abkehr von der Sünde, Vergebung der Schuld, Frieden mit Gott und den Menschen. Das ist es, was wir dringend brauchen« (Wilhelm Busch).

Das haben nach dem Karfreitag auch die Jünger Jesu erfahren. Sie verstanden zunächst Jesu Sterben am Kreuz und seine Auswirkungen für sie überhaupt nicht. Wie sagte Petrus nach dem Karfreitag, als all seine Pläne »durch-kreuzt« waren: »Ich will fischen gehen« (Joh 21, 3), und die anderen Jünger antworteten: »So wollen wir mit dir gehen.« Und sie gingen – enttäuscht. Und ihr Frust wurde noch größer, denn sie fingen nichts, gar nichts. Und was geschah? Nun, der Auferstandene begegnete ihnen und forderte sie auf: »Werft das Netz zur Rechten des Bootes, so werdet ihr finden. Da warfen sie es aus und konnten's nicht mehr ziehen wegen der Menge der Fische. Da spricht der Jünger, den Jesus lieb hatte, zu Petrus: Es ist der Herr!« (Joh 21, 3-7).

Oder denken wir an die Emmausjünger. Von ihnen lesen wir, wie sie völlig enttäuscht über das Geschehen auf Golgatha auf dem Weg von Jerusalem nach Emmaus waren: »Wir aber hofften, er sei es, der Israel erlösen werde. Und über das alles ist heute der dritte Tag, daß dies geschehen ist ...« (Lk 24, 21).

»Durch-kreuzte« Vorstellungen erhalten uns, so widersprüchlich es klingt, die Sicht, den Durchblick. Die Jünger erkennen gar nicht, daß durch diese »Durchkreuzung« ihr Leben ein völlig neues Vorzeichen bekommen hat. »Mußte nicht Christus dies leiden und in seiner Herrlichkeit eingehen?« (Lk 24, 26), damit sie Leben und volles Genüge, ewiges Leben haben (vgl. Joh 10, 10; 3, 3).

Unter diesem Gesichtspunkt können auch wir lernen, »Durch-kreuzungen« unseres Lebens anders zu sehen: Wenn wir aufrichtig beten – nach den Worten Jesu im Vaterunser (Mt 6, 10) »Dein Wille geschehe« und nicht mein Wille, dann können wir auch davon ausgehen, daß Gott einen guten Willen über unserem Leben hat – trotz mancher »Durch-Kreuzungen«, die wir nicht verstehen, so daß uns dieser Wille wie ein fremder Wille vorkommt.

Die »Durch-Kreuzungen«, die Querbalken, haben ihre Bedeutung. Bei Jesus, daß sie uns zum ewigen Heil wurden; bei uns, daß wir in die heilsame Solidarität mit Jesus kommen, auf den Weg mit IHM, der »durch Kreuz zur Krone, durch Leiden zur Herrlichkeit« führt.

»Einer ist über diese Erde gegangen«, schreibt Prof. Dr. Adolf Köberle, »der nahm sein Kreuz auf sich, ohne an Gott irre zu werden. Schließ dich mit ihm zusammen, dann wird auch dein Kreuz tragbar.«

Mit einem »ewigen Karfreitag« könnten wir nicht leben, aber mit dem Wissen, daß »dieser Zeit Leiden nicht ins Gewicht fallen gegenüber der Herrlichkeit, die an uns offenbart werden soll« (Röm 8, 18). Damit kommt Sinn in alle »Durch-kreuzungen«. Unser Leben wird von uns dann so gestaltet, so erlebt und so durchgestanden, daß es zur Ehre Gottes dient.

»Durch-kreuzungen« gehören auf den Weg zum ewigen Leben. Wir können ihnen nicht entfliehen, wohin wir uns auch wenden. Überall erfahren wir sie. Nehmen wir sie an, werden sie wertvoll.

»Trägst du das Kreuz gern, so wird es auch dich tragen und zu dem ersehnten Ziel bringen, wo das Leiden ein Ende hat – allerdings nicht auf dieser Erde.

Trägst du das Kreuz mit Widerwillen, so machst du es dir selbst schwerer und mußt es dennoch tragen.

Wirfst du ein Kreuz ab, so wirst du zweifelsohne ein anderes finden und vielleicht ein noch schwereres. Glaubst du, ihm zu entrinnen? Noch keinem Sterblichen ist es gelungen. Welcher Heilige ist in der Welt ohne Kreuz und Trübsal gewesen? Nicht einmal unser Herr Jesus Christus war es. ›Christus mußte leiden und von den Toten auferstehen und so in seine Herrlichkeit eingehen‹ (Lk 24, 26)« (Thomas von Kempen).

Ich wünsche Ihnen von Herzen, daß auch Sie die »Durch-kreuzungen« Ihres Lebens mit neuen Augen sehen, so daß aus dem Minus ein Plus wird auf Ihrem Weg zur Ewigkeit!

Ent - täuschen

Da bittet eine Frau in einem Brief um seelsorgerlichen Rat:

»Lieber ..., ich bin ganz enttäuscht. All mein Beten, all mein Glauben, die Fürbitte der Geschwister in der Gemeinde und meines Freundeskreises nützen nichts. Mit meiner Krankheit wird es nicht besser ... Es heißt doch aber in Mt 12,15: ›... und Jesus heilte sie alle ...‹ (gemeint sind die Kranken). Wieso heilt er mich nicht? Stimmt dieses Wort denn nicht? Habe ich umsonst gebetet ...?«

Jemand anders schreibt mir:

»Immer wieder höre ich in der Verkündigung den Satz: ›Mit Jesus bist du nie mehr einsam. Ich erfahre das ganz anders. Seit meine Frau verstorben ist – meine Kinder wohnen weit weg –, bin ich sehr einsam. Ich bekomme kaum Besuch, auch mehr oder weniger keine Post, und ich leide darunter. Irgendwie bin ich enttäuscht im Blick auf diesen Satz: ›Mit Jesus bist du nie mehr einsam.‹ Stimmt das denn? Was mache ich falsch ...?«

Noch ein kurzer Briefauszug eines jungen Mannes, der seit geraumer Zeit arbeitslos, weil psychisch krank, ist. Er schreibt u. a.:

»Ich habe große Probleme mit meinem Glauben und bin restlos enttäuscht, auch von der Bibel. Man sagt mir immer wieder, wenn ich über meine Probleme klage: ›Jesus löst alle deine Probleme. Er hat Antwort auf all deine Fragen.‹ Ich merke nichts davon ...«

Soweit ein paar Briefauszüge zum Thema »Enttäuschung«. Auch biblische Beispiele lassen sich hier anfügen:

– Da ist Petrus. Auch er ist enttäuscht: »Meister, die ganze Nacht haben wir uns schon abgemüht und nichts gefangen« (Lk 5, 5 – Wilckens). Oder sein Satz nach Jesu Tod: »Ich will (wieder) fischen gehen« (Joh 21, 3). Mit anderen Worten: Es hat ja doch alles keinen Sinn. Das war ein Rückzug – trotz allem Dabeigewesensein bei Jesus, trotz des Zeugnisses der Auferstehung.

– Da ist Marta. Ihre ganze Enttäuschung, daß Jesus nicht gleich – und damit ihrem Denken nach rechtzeitig – gekommen ist, als ihr Bruder Lazarus im Sterben lag, kommt in ihren Worten zum Ausdruck: »Herr, wärst du hier gewesen, mein Bruder wäre nicht gestorben« (Joh 11, 21).

– Da ist Johannes der Täufer. Er sitzt im Gefängnis. Er kann nicht verstehen, daß Jesus sich nicht um ihn kümmert. Kein Gruß, kein Eingreifen. Er hält das nicht mehr aus; seine Zweifel und seine Enttäuschung quälen ihn. So läßt er Jesus fragen: »Bist du, der da kommen soll (...)?« (Lk 7, 19).

Durch alle Beispiele geht wie ein roter Faden: Enttäuschungen hängen zusammen mit falschen Erwartungen.

Enttäuschung bedeutet eigentlich: »Ent-täuschung«, also die Aufhebung der Täuschung, der falschen Erwartung. Wer »ent-täuscht« ist, der ist von einer Täuschung befreit, aus ihr herausgenommen worden. Der hält nicht mehr – mit anderen Worten gesagt – eine Wunschvorstellung für die Wirklichkeit.

Solche »Ent-täuschung« führt mitunter zur bitteren Einsicht: Nicht der andere hat mich enttäuscht oder gar getäuscht. Nein, ich habe mich selbst getäuscht in meinen Vorstellungen, meinem Denken, Fühlen, Erwarten. Ich habe mich auf ein Wunschbild festgelegt. Und nun sind meine Hoffnungen alle dahin. Die Illusion mußte der Wirklichkeit weichen.

Leider bleiben die meisten »Ent-täuschten« in dieser Phase ihrer Erkenntnis stecken, und die ist nicht selten mit Bitterkeit und Hoffnungslosigkeit verbunden. Sie versäumen es weiterzugehen, indem sie ihr Denken umstellen und damit auch ihr Fühlen bewußt willentlich konstruktiv beeinflussen. Wer sich der »Ent-täuschung« stellt, nimmt einen neuen Standpunkt ein. Nur so ist es möglich, eine neue Sicht von den Dingen, auch von Personen, zu gewinnen. Wer seinen Standpunkt ändert, gewinnt eine neue Perspektive. Er sieht den anderen mit seinen wirklichen Qualitäten und Mängeln, mit seinen Licht- und Schattenseiten. Er lernt zu unterscheiden zwischen dem, was wirklich gesagt wurde und was er hören wollte, zwischen dem, was wirklich dasteht und was man hineinliest. Ent-täuschungen haben in sich die Kraft, uns das rechte Maß wiederfinden zu lassen, wenn wir zur Korrektur an uns bereit sind.

Ent-täuschung, also daß ich aus einer Täuschung herausgenommen werde, hilft auch, sich selbst recht zu erkennen. Sie ist also »notwendig«. Auch hier wollen wir auf die Doppelbedeutung des Wortes achten: sie wendet die Not, not-wendig. Je weniger falschen Erwartungen wir uns hingeben, je realistischer wir uns und andere und auch die Lebenslagen sehen, um so weniger können wir enttäuscht werden. So sind Ent-täuschungen nicht nur bitter; sie können auch heilsam sein. Michel Quoist sagt: »Deine Grenzen sind nicht nur Hindernisse; sie sind auch Hinweise Gottes, um deinen Weg zu zeichnen.« Und Dietrich Bonhoeffer meint: »Gott erfüllt nicht alle unsere Wünsche, aber alle seine Verheißungen.« Korrektur unserer Erwartungen, nicht selten auch des Gottesbildes, also des Bildes, das man sich von Gott macht, ist hilfreich, um über neuen Einsichten zu neuen Durchsichten und damit auch zu neuen Ansichten zu kommen.

Wie werden wir mit Enttäuschungen fertig? Kehren wir zurück zu unseren Beispielen.

– Da ist jene kranke Frau mit ihrem Satz: »... und Jesus heilte sie alle.« Das stimmt, das steht so im Matthäusevangelium. Aber das heißt nicht, daß er alle Kranken in Palästina heilte, sondern die Kranken, die an jenem Tag, an jenem Ort, zu dieser Stunde zu ihm gebracht wurden. – Also gilt es, die eigene Vorstellung, das, was in diesem Text hineingelesen wurde, aber nicht darinsteht, zu korrigieren. Für diese Frau kann das heißen: Ihr Denken und damit auch ihr Gebetsleben umzustellen. Dafür danken, daß Jesus ihr bisher die Kraft gegeben hat, mit dieser Krankheit zu leben. Darum zu bitten, daß die Gedanken nicht mehr nur um das Gesundwerden kreisen; sich der Not anderer ermutigend zuwenden – das bringt neuen Sinn in ihr Dasein.

– Da ist der Hörer, der über den Satz stolpert: »Mit Jesus bist du nie mehr einsam.« Stimmt das? Nun, das stimmt so nicht. Mit Jesus sind Menschen, die an ihn glauben, nicht mehr allein, weil er ihnen zugesagt hat: »Ich bin bei euch alle Tage ...« Diese Zusage hält er auch, und wir erleben das auch in unserem gottvertrauenden Denken. Das heißt aber nicht, daß ein solcher Mensch nicht einsam ist, denn wir tragen ja auch Sehnsucht nach menschlicher Zuwendung in uns. Hier wäre zu fragen: Was kann ich, was kann die Gemeinde, zu der ich gehöre, unternehmen, damit mehr menschlicher Kontakt zustande kommt: Telefonieren, sich besuchen lassen, aber auch zu sich einladen. Einem kleinen Jungen, einem kleinen Mädchen, das keinen Opa hat, zum Opa werden, sich einem Seniorenkreis anschließen; für andere, denen es nicht so gut geht wie einem selbst, Verantwortung übernehmen ... Denken Sie einmal darüber nach. Es gibt Wege aus der Einsamkeit.

– Da ist jener junge Mann, psychisch krank und daher arbeitslos, mit seinem Satz: »Jesus löst alle deine Probleme. Er hat Antwort auf alle deine Fragen.« Nun, grundsätzlich stimmt das schon. Jesus kann das. Aber unsere Erfahrung zeigt, daß man mit solchen Pauschalsätzen vorsichtig umgehen soll. Denn die Bibel deckt solche Aussagen auch nicht pauschal ab. Wenn wir ehrlich sind, müssen wir zugeben: Auch wir haben ungelöste Probleme, auch unsere Fragen sind nicht alle beantwortet. Aus dieser Enttäuschung herauszukommen, dazu hilft, sich klarzumachen, daß dies eben nicht so in der Bibel steht. Nochmals: Jesus kann meine Probleme lösen, ganz gewiß. Er kann aber auch meine Einstellung dazu ändern. Er kann mir Kraft geben, die Probleme zu tragen und zu ertragen. Ja, er kann sogar wollen, daß ich an ihnen reife (vgl. 2. Kor 12, 9). – Nicht Pauschalantworten sind hier gefragt, sondern differenziertes seelsorgerliches Begleiten, das auch heißen kann: Mut zur Schwäche zu haben, aus Hilflosigkeit nicht falsch zu trösten, sondern dabeizubleiben.

– Da ist Petrus mit seinem Satz: Meister, es war umsonst. Und Jesus sagt ihm: Nein, es war nicht umsonst. Deine Erwartungen sind zwar nicht in Erfüllung gegangen zu dem Zeitpunkt, da du damit gerechnet hast; aber ich halte schon Wort. Verlaß dich weiter auf mich, auch gegen den Augenschein, eben »auf mein Wort« (Lk 5, 1-11), dann wirst du schon sehen und staunen, ja anbeten lernen, daß ich richtig handle. Geh wieder an deine Arbeit, »verricht das Deine nur getreu und trau des Himmels reichem Segen, so wird er bei dir werden neu. Denn welcher seine Zuversicht auf Gott setzt, den verläßt er nicht« (Georg Neumark).

– Da ist Johannes der Täufer: »Bist du, der da kommen soll?« Und Jesus läßt ihm sagen: Ja, ich bin der, auf den du wartest, aber ich handle nicht so, wie du es erwartest. Ärgere dich nicht an mir. Vertraue mir. Halte an mir fest. Denn ich halte an dir fest. Vertraue mir, denn es geht ja nicht nur um das Heute und Hier, sondern darum, das Ziel des Glaubens, die Ewigkeit zu erreichen. Dieses Ziel sollst du nicht aus den Augen verlieren, auch wenn sich dir Hindernisse auf dem Weg dorthin massiv in den Weg stellen.

– Und da ist Marta mit ihrer Enttäuschung: »Jesus, wenn du dagewesen wärst, dann ...« Und Jesus macht ihr etwas deutlich, was bis heute – auch für uns – seine Bedeutung behalten hat: Es kommt nicht darauf an, was eilig ist, sondern was wichtig ist. Wichtig, so meinte Marta, wäre gewesen, eilig zu kommen. Jesus setzt eine andere Priorität. Er zeigt das wirklich Wichtige auf, wenn er dann sagt (Joh 11, 25): »Ich bin die Auferstehung und das Leben. Wer an mich glaubt, wird leben, auch wenn er stirbt; und wer da lebt und glaubt an mich, der wird nimmermehr sterben. Glaubst du das?« Damit macht er deutlich: Die Trennungslinie geht nicht zwischen Lebenden und Toten, sondern zwischen an Jesus Christus Glaubenden und nicht an ihn Glaubenden. Wer diesen Standpunkt einnimmt, bekommt eine völlig neue Perspektive. Er ist heilsam ent-täuscht, weil er vom Nebensächlichen zum Wesentlichen gefunden hat.

Heim - suchen

Für viele verbindet sich auch mit diesem alten Wort ein negatives Empfinden, für manchen vielleicht auch negative Erfahrungen.

Ein Mann schreibt mir:

»Mein Leben ist eine einzige Heimsuchung. Ich habe den Eindruck, ich bin ein Spielball eines blinden Schicksals. Ich bin geschieden, arbeitslos, die Kündigung der Wohnung liegt vor mir, ständig bin ich krank, Freunde habe ich auch keine mehr. Es ist alles so sinnlos.

Man hat mir vor ein paar Tagen Ihr Buch »Mit Streß leben – der Weg zum inneren Gleichgewicht« geschenkt. War es Zufall? Ich weiß es nicht. Ich habe darin gelesen. Ihre Ausführungen sprechen mich an. Sie sind sehr ehrlich. Ob dieser Jesus, von dem Sie schreiben, auch mich liebt? Ob es einen Weg aus meinem ganzen Elend gibt? Ich suche ihn. Helfen Sie mir?!«

In einem anderen Brief heißt es:

»Schon als junger Mensch suchte ich Jesus und erlebte, daß auch er mich suchte. Durch die biblischen Geschichten im Kindergottesdienst und die Andachten in der Jungschar wurde mir Jesus liebgemacht. Da begegnete er mir, so daß ich ihm mein Leben in einem Gebet anvertraute. Es war eine schöne Zeit.

Doch dann, als ich älter wurde – schon während der

Berufsausbildung und des Studiums –, kam ich unter einen anderen Einfluß. Nicht daß ich unordentlich lebte. Ich ging hin und wieder schon zur Kirche; aber andere Ziele bestimmten mein Denken und Leben, nicht mehr Jesus und sein Wort wie früher. Mir ging es nicht schlecht. Ich machte Karriere im Beruf, hatte Ansehen und Erfolg; auch mit der Familie ging alles soweit gut.

Doch dann – für mich völlig unerwartet – bekam ich einen Herzinfarkt. Ich kam dadurch völlig aus meinem Gleichgewicht, das, wie ich später merkte, gar keins war. Beim Nachsinnen über meine Situation, beim Bilanzziehen, beim Suchen nach neuer Orientierung, wie es nun weitergehen sollte, mußte ich feststellen: Ich hatte die Mitte meines Lebens verloren: Jesus. Deshalb war ich ins Rotieren gekommen. Ich hatte, ohne daß ich das richtig merkte, die Prioritäten in meinem Leben vertauscht. Wesentliches war mir unwesentlich geworden und Unwesentliches wesentlich. Ich suchte das Leben und fand Erfolg. Nun suchte ich wieder Jesus und fand das Leben, das ewige Leben. Ich für mich kann rückblickend sagen: Dieser Herzinfarkt war eine gnädige ›Heim-suchung‹ Gottes für mich, auch wenn ich schmerzhaft dabei ›zurecht-gewiesen‹ wurde.«

Vier Gedanken, die für unser Nachdenken wesentlich sind, wenn es um das Stichwort »heim-suchen« geht, werden in diesen beiden Briefen angesprochen.

– Es gibt ein Suchen des Menschen nach Gott.
– Es gibt ein Suchen Gottes nach dem Menschen.
– Es gibt darin ein strafendes Heim-suchen Gottes.
– Es gibt darin auch ein gnädiges Heim-suchen Gottes.

Zunächst einige Anmerkungen zu dem Satz:
Es gibt ein Suchen des Menschen nach Gott.

Mit dem Wort »suchen« wird im Alten Testament immer die Hinwendung des Menschen zu Gott beschrieben. Ein paar Beispiele:

Ps 9,11: »Darum hoffen auf dich, die deinen Namen kennen; denn du verlässest nicht, die dich, HERR, suchen.«
Ps 27,8: »Mein Herz hält, dir vor dein Wort: ›Ihr sollt mein Antlitz suchen.‹ Darum suche ich auch, HERR, dein Antlitz.«
Ps 34,5: »Als ich den HERRN suchte, antwortete er mir und errettete mich aus aller meiner Furcht.«
Jer 29,13: »Ihr werdet mich suchen und finden; denn wenn ihr mich von ganzem Herzen suchen werdet, so will ich mich von euch finden lassen, spricht der HERR.«
(Ps 119,2; Jes 26,16; 45,19; 55,6)

Dem Suchen des Menschen nach Gott gilt also die Zusage des Findens: »Wenn du aber dort den HERRN, deinen Gott, suchen wirst, so wirst du ihn finden, wenn du ihn von ganzem Herzen und von ganzer Seele suchen wirst.« Das verheißt Gott seinem Volk Israel (5. Mose 4,29).

Auch im Neuen Testament finden wir das Wort »suchen«, wenn es um das Suchen des Menschen nach Gott geht. In der Bergpredigt (Mt 7,7-11) sagt Jesus z. B. »Suchet, so werdet ihr finden.« Und er weist dann darauf hin, daß Beten Gott »suchen« heißt: »Denn wer da bittet, der empfängt; und wer da sucht, der findet; und wer da anklopft, dem wird aufgetan.« Beten, Gott suchen, wird somit Voraussetzung für das Finden. Wenn für einen ungläubigen Menschen die Sorge um Nahrung und Kleidung Priorität hat, so soll der Christ »zuerst nach dem Reich Gottes trachten« (Mt 6, 24-34), eben das »suchen, was droben ist« (Kol 3, 1). Dann wird ihm alles »zu-fallen«, was er wirklich braucht.

Wenden wir uns dem zweiten Satz zu:
Es gibt ein Suchen Gottes nach dem Menschen.

Im Neuen Testament hat das Wort »suchen« die Bedeutung, daß Jesus Christus dem Verlorenen nachgeht, um es zu retten, dem verirrten Menschen nachgeht, um ihn »heim-zu-suchen«. Er sagt: »... des Menschen Sohn ist gekommen, zu suchen und selig zu machen, was verloren ist« (Lk 19, 10; Mt 18, 12; Lk 15).

Jesus sucht den in die Irre gehenden Menschen, weil er einen Anspruch auf ihn hat. Der Mensch ist Geschöpf Gottes, seines Vaters. Ohne Gemeinschaft mit ihm – und diese kann nur Jesus vermitteln – geht sein Leben in die Irre, am Ziel vorbei. Suchen, von Gott gesucht werden, kann auch bedeuten, daß Jesus warten kann, wie das Gleichnis vom unfruchtbaren Feigenbaum zeigt (Lk 13, 6 ff). Dieses Warten Jesu ist seine Geduld, die den berechtigten Zorn Gottes über die eigenwilligen Wege des Menschen zurückhält. Es ist nicht Zustimmung Gottes zu diesen Wegen, sondern hier gilt: »Weißt du nicht, daß dich Gottes Güte zur Buße leitet?« (Röm 2, 4) Daher kann in diesem Suchen Gottes nach dem Menschen auch eine Forderung an ihn enthalten sein, doch endlich von den falschen Wegen umzukehren. Wenn der suchende Mensch dem ihn suchenden Gott begegnet, ist Suchen und Finden eins geworden; dann ist »Freude im Himmel« bei den Engeln über den, der verloren war, gesucht und gefunden hat (Lk 15), sich hat von Gott finden lassen.

Nach diesen Ausführungen zum Wort »suchen«, das ja in unserem Stichwort »heim-suchen« enthalten ist, nun Gedanken zum Begriff »heim-suchen«. Gerade die letzten Bemerkungen zeigen ja, daß da ein Zusammenhang besteht.

In der Bibel wird mit dem Wort »heim-suchen« ausschließlich eine Aktion Gottes beschrieben. Gott »sucht heim«, d. h. er »sucht, besucht« uns Menschen; er stellt mit uns eine Verbindung, eine Beziehung her; er kommt zu uns in Jesus, durch den Heiligen Geist, durch sein Wort, durch Menschen und Ereignisse. Er kümmert und sorgt sich um uns. Es ist die Tätigkeit eines Arztes, die hier beschrieben wird, der sich helfend und heilend um jemanden bemüht, und dieser jemand sind wir!

Das Wort »heim-suchen« hat immer doppelte Bedeutung im Sinne eines »strafenden oder begnadigenden göttlichen Handelns«.

Zunächst ein paar Anmerkungen zum *»strafenden Heim-suchen«* Gottes:

Das Alte Testament bezeugt Gottes Langmut und Erbarmen, aber er »sucht« auch die Sünde seines Volkes »heim«, »der Väter Missetat an den Kindern bis ins dritte und vierte Glied, die mich hassen«, wie es in den Zehn Geboten heißt (2. Mose 20, 5; 4. Mose 14, 18). Wenn wir den Zusammenhang beachten, in dem dieses Wort steht, können wir diese Aussage besser verstehen: »Du sollst dir kein Bildnis noch irgendein Gleichnis machen, weder von dem, was oben im Himmel, noch von dem, was unten auf Erden, noch von dem, was im Wasser unter der Erde ist. Bete sie nicht an und diene ihnen nicht! Denn ich, der Herr, dein Gott, bin ein eifernder Gott, der die Missetat der Väter heimsucht bis ins dritte und vierte Glied an den Kindern derer, die mich hassen, aber Barmherzigkeit erweist an vielen Tausenden, die mich lieben und meine Gebote halten« (2. Mose 20, 4-6).

Das Verhältnis Gottes zu seinen Menschen wird in der Bibel oft mit der Ehe verglichen. Wer anderen Göttern nachfolgt, wer sich anderen Mächten unterstellt, der gleicht einem Menschen, der seinem Ehepartner untreu ist. Das will Gott nicht, das haßt er. Er hat sich mit ganzer Liebe und Treue für uns eingesetzt bis zum Tode Jesu am Kreuz. Darum will er, daß wir uns ihm ganz anvertrauen und nicht halbherzig und treulos sind, was die Beziehung zu ihm angeht. Er ist ein eifriger Gott, weil er um unser Heil und Wohl eifert, weil er nicht will, daß wir, verführt von fremden Mächten, zugrunde gehen. Untreue läßt Gott nicht durchgehen. Untreue als Antwort auf seine Treue »sucht er heim bis ins dritte und vierte Glied«. Das will sagen: Gott sucht Untreue heim nicht nur an dem Einzelnen, sondern an Familien, Geschlechtern, Völkern. Es gibt hier eine Solidarität der Schuld. Bis ins dritte und vierte Glied, das heißt, solange ein Mensch, der zu seinem vollen Alter ausreift, es selber noch kontrollieren und erfahren kann, daß Gott seiner nicht spotten läßt, daß Gott uns nicht umkommen lassen will, weil er der Führer zum ewigen Leben sein will. So ist selbst im strafenden »Heim-suchen Gottes« noch seine Barmherzigkeit zu finden: »... und tue Barmherzigkeit an vielen Tausenden, die mich lieben und meine Gebote halten.«

Nun noch ein letzter Gedanke:
Es gibt ein gnädiges »Heim-suchen« Gottes.

Ich sprach es schon an: »... und tue Barmherzigkeit an vielen Tausenden, die mich lieben und meine Gebote halten.« Das ist Gottes Zusage. Barmherzigkeit ist das entscheidende Wort für Gottes gnädiges »Heim-suchen«. Gott will, daß der Sünder lebe, darum redet und handelt er auch streng. Wer auf ihn hört, seinem Wort vertraut, ihm als Weisung zum ewigen Leben folgt, der erfährt, daß Gottes Gnade über-wiegend ist über seinen berechtigten Zorn. Viele Tausende sollen das erleben.

Beachten Sie: Wer sich »heim-suchen« läßt von der Liebe Gottes, Abstand nimmt von seinem Eigenwillen und darin seine Liebe zu Gott zeigt, der kommt heim! Gott »sucht« Menschen, die sich durch Jesus »heimführen, heim-suchen« lassen. Ohne »Heim-suchung« Gottes wären wir tatsächlich von Gott Verlassene. So aber gilt: »Wer umkehrt vom Irrweg, geht gern den Weg nach Haus'« (Dieter Trautwein).

Mit - leiden

Was damit gemeint ist, hat Paulus in Röm 12,15 geschrieben:

»Freut euch mit den Fröhlichen und weint mit den Weinenden.«

Ich weiß nicht, was leichter ist. Mit-Freude ohne Neid oder andere Hintergedanken – das ist gar nicht so leicht. Aber auch das Mit-Leiden, ohne daß es zum Mitleid verkommt, nicht.

Mitleid tut weh. Es schließt in sich die Gefahr des nur seelischen Engagements, dieses: »Mit Sorgen und mit Grämen und mit selbsteigner Pein ...« Mitleid ist falsche Solidarität, da es oft den betroffenen Menschen bzw. die eingetretene Lebenslage nur be-dauert und nicht betrauert. Es fehlt oft das zielgerichtete, konstruktive Verarbeiten dessen, was Leid und Leiden ausgelöst hat, so daß Leid und Leiden wertvoll werden können im Sinne dessen, was Hudson Taylor einmal so ausgedrückt hat: »Zu lernen, was Gott uns im Leiden sagen will, ist wichtiger, als aus ihm herauszukommen.«

Es gibt noch ein anderes Spannungsfeld, das beachtet sein will, damit es fruchtbar wird: Es hat mit dem Leidenden selbst zu tun. Er braucht ja beides: das Alleinsein, das Für-sich-Sein, das Ich-mit-mir-Allein, in dem er hemmungslos seinem Schmerz Raum geben kann. Und er braucht die Nähe anderer Menschen, die ihn auffangen und ertragen und tragen können. – Dies wird aber vom einzelnen unterschiedlich erlebt, und ich weiß nicht von vornherein, was für ihn jetzt das Angebrachte ist. Es gehört Feingefühl, Sensibilität, Einfühlungsvermögen zum Mit-leiden, um nicht durch Mitleid die Last des Betroffenen noch größer zu machen.

Mit-leiden schlüpft unter die Last des anderen und das nicht nur in der Für-bitte, sondern auch im Da-sein für den anderen im Sinne des Pauluswortes: »Einer trage des anderen Last ...« (Gal 6, 2).

Mit-leiden ist Teilnahme, Anteilnehmen, Interesse, Sinn für Aufmerksamkeit, Erbarmen, Mitgefühl, Mitempfinden, Menschlichkeit, Herzlichkeit, Wärme, Wohlwollen, Barmherzigkeit, Ergriffenheit; es ist Anwesenheit, Gegenwart, Beteiligung, Mitwirkung, Mitarbeit, Beistand, Hilfe, Unterstützung, Gefährtenschaft, Teilhaberschaft, Betroffenheit – eben im Sinne von: »Ein jeder trage die Last des andern.«

Kommen wir nochmals auf das Wort von Paulus zurück: »Freut euch mit den Fröhlichen und weint mit den Weinenden.« Es gibt also die Möglichkeit, sich mit dem Glück und der Freude des anderen zu verbinden und dadurch selbst glücklich zu werden. Das schließt aber auch die Bereitschaft in sich, mit ihm auch seine Lasten zu tragen. Wer sich so an der Freude des anderen freut und mit ihm in seiner Traurigkeit leidet, hat einen Weg beschritten, auf dem er einerseits frei werden kann aus dem verengenden Horizont eines neidischen Herzens zur Weite echter menschlicher, gottgewollter Gemeinschaft, andererseits wird er seinem Nächsten wirklich zum Nächsten.

Manch einer wagt es nicht, dem anderen seine Freude zu zeigen, weil er Angst hat, daß der andere sie nicht erträgt. So wagt mancher auch nicht, jemandem sein Leid zu sagen, weil er das Gefühl hat, daß der andere auch sein Leid nicht erträgt. Die Folge davon ist ein zwiespältiger Mensch, der sich als unfähig erweist, Trauernde, Leid-Geplagte zu trösten, aufzurichten.

Finden Sie also den Mut, mit einem Menschen, der über irgendeinen Verzicht, einen Verlust, eine nicht erfüllte Lebenserwartung trauert, mitzutrauern. Teilen Sie das Leid seines Herzens, und wenn Sie können, weinen Sie mit. Bringen Sie Verständnis für ihn auf. Fragen Sie sich: Wie hätte ich denn gerne, daß man mir jetzt begegnen würde, wenn ich so betroffen wäre? Was würde mir helfen? Wie sollte man mir nicht begegnen? Diese Fragen können Sie sensibel fürs Mit-leiden machen.

Begegnen Sie aber Menschen, die sich freuen, dann freuen Sie sich mit ihnen. Sie werden entdecken, daß Ihr eigenes Leben neuen Tiefgang bekommt. Sie leben bewußter und damit intensiver. Denn nicht nur Freude hat ihren Eigenwert, nein, auch Leid und Leiden; denn die Erfahrungen, die wir darin sammeln, können wir sonst nirgends machen.

Wo immer im Leben uns etwas versagt bleibt, ist eine Wunde, die Schmerzen verursacht. Es gibt zwei Möglichkeiten, mit diesem Schmerz umzugehen. Die eine, indem man sich verschließt im Selbst-mit-leid und andere beneidet, die diese Wunde nicht zu tragen haben. Dann wird man aber blind für die Wunden, an denen andere bluten. Man leidet an sich und anderen unsagbar – ungewollt gewollt!

Die andere Möglichkeit besteht darin, daß Sie bereit sind, an diesen Wunden zu leiden und diese Schmerzen zu tragen mit der Absicht, an ihnen zu wachsen, zu reifen und letztlich Frucht zu tragen. Denn, um das zu wiederholen: Leid und Leiden haben ihren Eigenwert, weil die Erfahrungen, die wir darin sammeln, sonst nirgends gemacht werden können.

Ich möchte Ihnen noch ein paar persönliche Erfahrungen zu unserem Thema weitergeben:

Auf meinem Schreibtisch stand lange Zeit eine Spruchkarte mit den beiden Worten: »Ja, Vater!« Immer wieder fiel mein Blick darauf, und immer wieder wurden diese beiden Worte für mich zu einer Herausforderung im Blick auf den Umgang mit Leid und Leiden. Es gibt ja nicht wenige Lebenslagen, die es uns schwer machen, dieses »Ja, Vater!« zu sprechen. Beim Nachdenken darüber ist mir klar geworden, daß das etwas mit meiner grundsätzlichen Einstellung Gott gegenüber zu tun hat, mit meinem gottvertrauenden Denken. In der Betroffenheit stellt sich die Frage, ob ich meine Angst, meine Zweifel an der Führung Gottes nähre oder den Gedanken, daß ich immer in des Herrn Hand geborgen bin. Je nachdem, wie wir uns verhalten, werden nicht nur unser Charakter und unsere Umwelt geprägt, sondern ganz entscheidend unser Glaubensleben. Das ist eine Erfahrung, die ich immer wieder mache.

Vielleicht kennen Sie auch diese andere Erfahrung:

Da begegnet uns Leid und Leiden im Leben anderer. Sie werden zur Herausforderung für uns, für unser Denken, Fühlen und Verhalten. Nicht selten wollen sie sogar zur Über-forderung werden. Wir wissen nicht, wie wir uns verhalten sollen, wie re-agieren. Re-signieren wir dann? Ziehen wir uns zurück? Lassen dadurch Mißverständnisse entstehen? Unsere innere Haltung ist wohl doch nicht grundsätzlich die des gottvertrauenden Denkens, der Ruhe, des Friedens, der Geborgenheit in ihm. Es will sich nämlich immer wieder die Frage in unser Denken einschleichen: »Herr, warum?«

Mir ist klar – und gewiß werden Sie auch immer wieder ähnliche Gedanken haben, daß es Gott ein Kleines wäre, auch heute alle Beschwernisse und Nöte des Körpers und der Seele durch ein Wunder wegzunehmen. Aber er tut es oft nicht sofort und auch immer wieder gar nicht. Seinem Verhalten liegen dann bestimmte Erziehungsmethoden zugrunde. Er will uns dadurch Lebenswahrheiten und Lebensweisheiten einsichtig machen. Solange wir im Nein, im Gegensatz zu seiner Wegführung bleiben, solange wir ein negatives »Aber« einzuwenden haben, ist ein Überwinden und ein wirkliches Ja-Sagen zur Führung Gottes in unserem Leben unmöglich. Nur ein bedingungsloses Vertrauen zu der Führung Gottes öffnet den Weg aus der negativen Lebenshaltung, dem Aufbegehren, Klagen und Nein-Sagen. Vertrauen ist das Gegenteil von Unglaube. Vertrauenslosigkeit ist praktizierter Unglaube. Er kann nur überwunden werden, wenn ich zu der positiven Haltung des Herzens finde, das spricht: Ich will »Ja« sagen; es ist der Herr! Das

»Ja, Vater«-Sagen hat nichts zu tun mit Autosuggestion oder mit dem mühsamen Versuch, sich eine bejahende Lebenshaltung anzugewöhnen. Es ist zwar eine geistliche Übung, aber es ist zuallererst ein Geschenk, das der lebendige Gott dem aufrichtig Bittenden gibt. Es ist eine Gabe, die jedem zur Verfügung steht, der die Verheißungen der Bibel für sich in Anspruch nimmt. Es geht dabei um das gottvertrauende »Aber«. »Aber auf dein Wort hin ...« Wenn wir uns in dieser Glaubenshaltung praktisch üben, wird nicht nur unser Leben anders, auch die Welt um uns ändert sich, vor allem wird der Name unseres Herrn Jesus Christus durch uns geehrt und verherrlicht. Wir werden für ihn und sein Handeln im Leid transparent. Und: Diese Erfahrung eigenen Leidens und des konstruktiven Umgangs damit macht barmherzig im Mit-leiden.

Es wird nicht ausbleiben, daß sich auch unsere Mitmenschen nach unserem Lebensgeheimnis erkundigen, denn noch immer macht ein zufriedenes, Geborgenheit und Freude ausstrahlendes Leben anziehend. Es lohnt sich, dieses Bekenntnis zum Leitsatz seines Lebens zu machen: »Ja, Vater.« Wir sind dann nicht mehr versklavt an Menschen und Umstände, sondern gebunden an den lebendigen Gott, der uns kennt und versteht, liebt und führt. Das Vertrauen zu ihm ist dann nicht nur Energie zu Höhenwanderungen, sondern auch zum Durchhalten und Überwinden in den Talsohlen des Lebens, zum Tragen und Ertragen. »Zu seiner Zeit« werden wir dann sein Eingreifen erfahren, denn das Morgen gehört dem, der sein Leben Jesus übereignet hat und sich im Heute von ihm bestimmen läßt. Wie dieses Eingreifen aussieht, ist seine Sache. Doch sein Handeln ist wunder-bar. Das dürfen wir bezeugen, wenn wir mit anderen mit-leiden.

Zum Abschluß unserer Überlegungen möchte ich Ihnen einige Leitsätze mitgeben:

1. Leiden führt in die Stille (vgl. Ps 62, 2).
2. Leiden setzt neue Prioritäten (2. Kor 4, 7-18).
3. Leiden weitet den Raum zum Beten (2. Kor 1, 8-11).
4. Leiden läßt auf Gottes Wort hören (Ps 119, 81.92).
5. Leiden bindet fester an Gott (vgl. Röm 8, 28).
6. Leiden bewährt unseren Glauben (Jak 1, 12; Röm 5, 4-5).
7. Leiden vertieft das Verständnis für den, der auch leidet (2. Kor 1, 4).
8. Leiden stärkt die Gemeinschaft (1. Kor 12, 26).
9. Leiden macht selig, es rettet (Mt 5, 4).

Ich wünsche Ihnen von Herzen die gottgewirkte Sensibilität im Mit-leiden mit anderen, daß Sie immer wieder neu erkennen, wann es gilt, einfach dabeizubleiben, wann es gilt zu hören, wann es gilt zu sprechen. In diesen Erfahrungen werden Sie selbst die/der Gesegnete sein.

Mit - teilen

Eine Mit-teilung ist eine Nachricht; es kann eine gute, aber auch eine schlechte sein. Sie kann uns mündlich, telefonisch, schriftlich und auch übers Bild erreichen. Wir selbst können Überbringer einer Mitteilung, einer Nachricht sein. Bleiben wir zunächst einmal mit unseren Überlegungen beim gesprochenen Wort.

Im Epheserbrief lesen wir die Aufforderung des Apostels Paulus: »Laßt kein faules Geschwätz aus eurem Munde gehen, sondern redet, was gut ist, was erbaut und was notwendig ist, damit es Segen bringe denen, die es hören« (4, 29).

Das ist eine Ermutigung zu verantwortlichem Sprechen, zu Worten, die wohltun, die Brücken bauen. Wir sind eingeladen zu solchen Gesprächen. Wir können oder – es sei traurig angefügt: Wir sollten Gespräche führen, Gespräche, um gemeinsam die Wahrheit zu finden; Gespräche, um sich korrigieren zu lassen; Gespräche, um sich verständlich zu machen und dadurch besser verstanden zu werden; Gespräche, um einander Gutes zu sagen: Worte des Lobes, des Dankes, der Anerkennung. Das sollten wir lieber einmal mehr als einmal zu wenig tun. Worte, die Vor-urteile abbauen; Worte, die segnen; Worte, die geduldig mit dem Ungeduldigen und Lästigen reden; Worte, die mein Mitgefühl deutlich machen für den, der verborgenes Leid trägt, so daß es für ihn erträglicher wird; Worte, die trösten, wo einer traurig ist; Worte, die ermutigen, wo einer niedergeschlagen ist, die aufrichten; Worte, die Liebe und Verständnis ausdrükken ... Solche Worte können einen sonst verpfuschten, einen sinnlos erscheinenden Tag retten. Sie sind für Gemüt und Seele dasselbe wie Vitamine für den Körper.

In einem Heim für behinderte Menschen sitzt ein älterer Herr in seinem Rollstuhl am Frühstückstisch. Ein anderer setzt sich zu ihm und wünscht ihm einen »guten Tag!«. »Für mich gibt's keinen ›guten Tag‹ «, antwortet der Behinderte. Er zeigt stumm auf seinen Rollstuhl. Die beiden sitzen lange schweigend nebeneinander. Dann stimmt jemand Paul Gerhardts Lied von der »güldenen Sonne« an. Der Herr im Rollstuhl spitzt die Ohren. Langsam richtet sich sein gebeugter Rücken auf, bis er ganz gerade sitzt. Und auf einmal singt er kräftig mit: »... aber nun steh' ich, bin munter und fröhlich, schaue den Himmel mit meinem Gesicht ...«

Es gibt Zeiten im Leben, die nicht gut sind. Da trägt man schwer an Sorge und Leid, an allem, was einen krank macht, deprimiert, ohne Hoffnung sein läßt. Und mancher wartet lange, daß ihm die Sonne der Güte Gottes aufgeht. Dann ist es gut, wenn zwei sich zusammensetzen und »miteinander teilen«, was schwer ist und belastet. Dabei kann es sein, daß sie fühlen, wie Gottes Güte sie umgibt. Sie empfinden sie so wie die Sonne, die uns wärmt und aufrichtet. Das ist dann auch solch ein Stück »Mit-teilen«, »teilen mit«.

»Mit-teilung«, welch ein schönes Wort. Doch es bleibt nicht nur Wort, es wird zur Tat, also: Abgeben, Liebe schenken. Und das alles kostet nichts. Ob wir Geld schenken können, ob wir Wohnraum abtreten können, ob wir Gesundheit zum anderen fließen lassen können – das alles sei dahingestellt. Eines könnten wir – oder darf ich sagen: können wir?!: mit dem anderen reden, uns mit-teilen! Also statt Stummheit Mit-teilung, statt Geschwätz Gespräch.

Wir können dazu beitragen, daß unsere Mit-teilungen, unser Mit-teilen heilsam ist, wenn wir Hinweise der Schrift, der Bibel, beachten, sie ernst nehmen und danach tun:

– »Sei schnell zum Hören, langsam zum Reden« (Jak 1,19).
– »So legt nun ab (...) alle üble Nachrede« (1. Petr. 2,1).
– »Verleumdet einander nicht« (Jak 4,11).
– »Eure Rede aber sei: Ja, ja; nein, nein« (Mt 5,37).
– »Du sollst kein falsches Gerücht verbreiten« (2. Mose 23,1).

Gute Nachricht »mit-teilen«, das tun wir, wenn wir mit unseren »Mit-teilungen« verantwortlich umgehen. Da »teilen« wir Liebe »mit«!

Jeder Tag bietet ein weites Übungsfeld, denn auch Christen sind sogenannte »Zungenakrobaten«. Viele reden, reden, reden. Etliches davon wäre gewiß entbehrlich, und manches ist vom Übel. Wie schnell ist ein abfälliges Wort, ein vorschnelles Urteil ausgesprochen über

Familienangehörige, Freunde, Nachbarn, über Leute mit einem anderen Frömmigkeitsstil, über theologische Opponenten oder andersdenkende kirchliche Gruppen. Damit sei nichts gegen (notfalls auch harte) Kritik und Diskussion in der Sache gesagt. Es geht allein um das abfällige Urteil, das seiner Position nicht gerecht wird, weil es eben kein »Vor«-Urteil, sondern meistens ein diffamierendes, *endgültiges* Urteilsprechen ist.

Darum wollen wir bewußt lernen, mit unseren Worten, unserem Reden, unserem »Mit-teilen« verantwortlich umzugehen. Unsere »Mit-teilungen« sollen heilenden und nicht zerstörenden Charakter haben. Das kann auch bedeuten, daß wir ein Gespräch unterbrechen oder auch abbrechen, weil es sonst zum Geschwätz wird, zur üblen Nachrede. – Üble Nachrede ist ja, wenn wir über einen Abwesenden etwas Schlechtes »mit-teilen« – und sei es hundertmal wahr!

Wenn wir da nicht mitmachen, nicht »mit-teilen«, kann ein heilsames Schweigen in unseren Ehen, Familien und Gemeinden einziehen. Das wird das Miteinander und Füreinander nicht stören, sondern fördern.

Die folgende Erzählung kann entscheidend helfen beim Einüben von verantwortlichem, heilsamem »Mitteilen«:

Ein junger Chinese kam einst zu einem alten Chinesen, um ihm einigen Klatsch über den gemeinsamen Bekanntenkreis zu erzählen. Kaum hatte der junge Chinese seinen Sermon begonnen, da unterbrach ihn der alte, der ein weiser Mann war, und fragte ihn: »Mein lieber junger Freund, du bist dabei, mir einiges über unseren Bekannten zu erzählen. Ich bin begierig, dich zu hören. Doch laß mich dir vorweg eine kleine Frage stellen, die ich für unsere Unterredung als sehr wichtig erachte: Hast du deine Worte schon durch die drei Siebe geschüttet, so daß sie geläutert ihren Weg zu meinen Ohren finden!« – »Welche drei Siebe meinst du?« fragte der junge Mann verwirrt. – »Kennst du die drei Siebe nicht?« erwiderte der Alte nun sehr erstaunt. »Ich kenne das Sieb der Wahrheit: Bist du ganz sicher, daß es wahr ist, was du mir erzählen willst? Und sodann das Sieb der Verantwortung: Wirst du mit deinen Worten nicht unversehens Schaden anrichten? Und zuletzt das Sieb der Liebe: Wirst du mit deinen Worten nicht einem Menschen weh tun? – Siehe, diese drei Siebe »Wahrheit, Verantwortung, Liebe« machen unsere Rede fruchtbar. Jedes für sich allein ist unvollkommen. In allen drei zusammen sollen wir unsere Worte prüfen; und was ihnen nicht entspricht, das verschweigen wir lieber.«[4]

Ich wünsche Ihnen von Herzen, daß Ihre Mit-teilungen konstruktiv, hilfreich, heilsam sind, so daß die Empfänger erfahren, daß Sie Ihre Liebe mit ihnen teilen. So erfährt Ihr Leben Bereicherung!

Lehr mich, Herr, die Worte wägen,
eh sie noch die Zunge spricht;
mir ist viel daran gelegen,
denn die Luft verweht sie nicht.
Nein, von Worten, die nichts nütze,
forderst du einst Rechenschaft,
und vor deinem Richtersitze
werden sie mit Ernst bestraft.

Sei, o Gott, mir Sünder gnädig,
den sein eigner Mund verdammt;
denn der war auch übelredig
und von Zorn oft angeflammt.
Sprich, da du mich könntest töten,
mir dein Wort der Gnaden ein;
laß dein Blut, Herr Jesu, reden,
daß mir soll vergeben sein!

Halte durch die Zucht der Gnade
mir die Zunge stets im Zaum,
sonst entstehet leicht ein Schade,
und der Leichtsinn merkt ihn kaum.
Was uns an dem Heil verkürzet,
das ist schädlicher als Gift.
Meine Rede sei gewürzet
mit dem Salz aus deiner Schrift.

Mach mich allezeit bedächtig,
daß ich rede als ein Christ,
ob es schon dem Stolz verächtlich
und dem Weltsinn Torheit ist.
Wenn es nur zu deiner Ehre

und zu deinem Dienst geschicht;
was der Welt gefällig wäre,
das gefiele Christo nicht.

Philipp Friedrich Hiller, 1699-1769

Nach - tragen

Zunächst ein paar Anmerkungen zum Stichwort ›Nachtrag‹. ›Nach-trag‹ = Nachwort, Anhang, Fußnote, Anmerkung, Zusatz, Klausel, Begleitwort, Erläuterung, Randbemerkung.

Es wird also ein Schriftstück oder eine mündliche Vereinbarung erläutert bzw. erweitert.

›Nach-tragen‹ kann man auch wiedergeben mit: Böse sein, sich ärgern, grollen, nachhalten, schmollen, trotzen, hadern, nicht vergessen können, anrechnen, ankreiden, zurechnen, aufrechnen, verübeln, übelnehmen, krumm nehmen, bitter, unversöhnlich, verbittert, verärgert sein.

Ist bei einem ›Nach-trag‹ beides drin: Positives wie Negatives, geht es beim ›Nach-tragen‹ um eine destruktive Gesinnung und Lebenshaltung. Da ist jemand – auf einen Nenner gebracht – nicht bereit, zu vergeben, zu entlasten, sich zu ent-lasten, sich ent-lasten zu lassen. Er schleppt also unnötige Last mit sich herum; trägt sie einem anderen unnötigerweise nach.

Zwei Beispiele:

Während eines Seminars für Konfliktbewältigung und biblische Lebensgestaltung kommt eine Frau zur Aussprache. Seit vielen Jahren gehört sie zu Jesus. Auch in der Gemeinde ist sie aktiv tätig. Trotzdem ist sie ihres

Glaubens nicht recht froh. Im Gespräch kommen wir auf einen Konfliktherd zu sprechen. Es besteht ein gespanntes Verhältnis zur eigenen Mutter. Vieles hat sich im Laufe der Jahre an Groll im Herzen dieser Frau angesammelt. Dadurch ist sie verbittert worden. Sie will oder wie sie es nennt: sie kann ihrer Mutter nicht vergeben. Sie ist gefangen im ›Nach-tragen‹. Sie meint, die Mutter sei an allem Dilemma in Ehe und Familie und ihren gestörten zwischenmenschlichen Beziehungen schuld. Durch weitere Gespräche, unter der Einwirkung des Heiligen Geistes, erkennt und bekennt diese Frau, daß nicht nur die eigene Mutter, sondern auch sie selbst Schuld an dieser Lebenslage hat. Dieses Wissen macht sie zu einer neuen Einstellung der Mutter gegenüber bereit. Alle bisherigen Versuche zur Versöhnung scheiterten an mangelnder Liebe und Vergebungsbereitschaft, an ihrem ›Nach-tragen‹. Nun, in einer neuen Gesinnung, kommt es zum versöhnenden Gespräch. Ein neues Kennen- und Verstehenlernen nimmt seinen Anfang.

Ein andermal kommt ein Geschäftsmann und bekennt, daß er geheimen Groll in seinem Herzen gegen seinen leiblichen Bruder habe. Es handelt sich um eine Erbschaftsangelegenheit. Wir besprechen die Sache. Uns wird klar, daß die Betroffenen nochmals miteinander reden müssen. Wir vereinbaren einen Treffpunkt und Termin. Nach gemeinsamem Gebet, in dem wir um die Leitung des Heiligen Geistes bitten, kommen wir auf die Angelegenheit zu sprechen. Wir finden einen Vergleich, der den einen versöhnt und dem anderen den Frieden seines Herzens wiederbringt. Er kann vom ›Nach-tragen‹ ablassen.

Gewiß, wir wissen innerhalb der Gemeinde Jesu um den Willen Gottes, um Sünde, Erlösung, Gnade und Vergebung. Aber dieses Wissen ist weithin nur noch ein Wissen an der Oberfläche, ein Wissen ohne Tiefenwirkung. Es wird nicht umgesetzt ins praktische Leben. So bekommen auch selten die bedrängenden Fragen Antwort: Wie kommt mein Leben mit meinem Nächsten in Ordnung? Wie hört der verderbenbringende Weg auf, den ich gehe? Wie findet mein Umgetriebensein ein Ende! Wie bekomme ich ein gutes Gewissen? Wie finde ich endlich Frieden, die Ruhe meines Herzens und wirklich bleibende Freude? Wie komme ich vom ›Nach-tragen‹ weg? – Vor allem: Wie wird mein Leben ein fruchtbares Zeugnis für Jesus Christus?

Wenn Schuld und Sünde nicht mehr ernstgenommen werden – und ›nach-tragen‹ ist Schuld und Sünde – werden auch Vergebung und Versöhnung nicht mehr ernstgenommen. Werden aber Vergebung und Versöhnung nicht mehr ernstgenommen, geschieht auch keine echte Befreiung des Lebens mehr. Aufgrund dieses kausalen Zusammenhangs sind viele Nachfolger Jesu müde und beladen, ja geradezu unfähig, ihm – Jesus – gehorsam nachzufolgen.

Darum der zu beherzigende Hinweis des Apostels Paulus: »Alle Bitterkeit und Grimm und Zorn und Geschrei und Lästerung seien fern von euch samt aller Bosheit. Seid aber untereinander freundlich und herzlich und vergebt einer dem andern, wie auch Gott euch vergeben hat in Christus« (Eph 4, 31.32). Laßt eure Gesinnung vom Geist Gottes erneuern!

Zwei biblische Beispiele unterstreichen die Richtigkeit dieser Ermahnung:

Da hat Jakob seinen Bruder Esau ums Erstgeburtsrecht betrogen. Er muß vor den Racheplänen seines Bruders fliehen. Viele Jahre später, als er in seine Heimat zurückkehrt, erfährt er, daß ihm sein Bruder noch nicht verziehen hat. Er kommt ihm mit einer großen Heeresmacht entgegen. Er will abrechnen, aufrechnen, was ihm angetan wurde. – Das Problem wird gelöst, indem beide einander vergeben. Wir lesen: »Esau aber lief ihm entgegen und herzte ihn und fiel ihm um den Hals und küßte ihn, und sie weinten (...) Er (Jakob) antwortete: (...) Laß mich nur Gnade vor dem Herrn finden« (1. Mose 33, 4.15). So war es denn auch.

Ähnlich verhält es sich bei Josef und seinen Brüdern. Auch dort wird das Problem durch Vergebung gelöst. Sie, die Brüder Josefs hatten ihn ja nach Ägypten verkauft. Nun begegnen sie ihm dort als dem Herrn über Land und Leute – und sie haben Angst, berechtigte Angst – er würde ihnen ihr Verhalten ›nach-tragen‹. Doch er tut es nicht. Er reicht vielmehr die Hand zur Vergebung mit den Worten: »Ihr gedachtet es böse mit mir zu machen, aber Gott gedachte es gut zu machen« (1. Mose 50,20).

Es kann auch die andere Lebenslage geben, in der das ›Nach-tragen‹ geistliches Wachsen, Reifen und Frucht tragen, ja auch ein Reifen der Persönlichkeit unter dem Einfluß des Heiligen Geistes hindert. Es ist jemand an mir schuldig geworden. Er hat um Vergebung gebeten.

Ich habe Vergebung ausgeteilt. Doch was mich verletzte, ist so tief, daß im seelischen Bereich die Wunde – im Bild gesprochen – noch blutet. Ich habe nicht gelernt, damit richtig umzugehen. Statt durch das ständige Bewußtmachen der Tatsache, daß ich vergeben habe, die Wunde heilen zu lassen, kratze ich durch die Pflege meines Selbstmitleids immer wieder die Kruste von der heilen wollenden Wunde herunter. Sie fängt immer wieder neu an zu bluten. So kann sie nicht heilen.

Statt also den Schmerz zu pflegen, – denn wenn man mir weh tut, mich verwundet, mich kränkt, dann schmerzt das, – gilt es zu vergeben. Vergebung – ausgeteilt und angenommen – wirkt heilsam. Wenn ich aber nicht wirklich von Herzen vergebe, dann trage ich diesen Schmerz unnötigerweise dem andern weiter nach und tue mir letztlich damit selbst weh. Denn was kränkt, macht krank.

Ich kann es auch noch anders sagen: ›Nach-tragen‹ ist eine schwere Bürde, eine Last. Ent-lastet sein heißt: die Hypothek auf meinem Leben ist getilgt – durch Vergebung! Wenn ich das aber nicht *annehme*, lebe ich immer noch so, als wäre sie ungetilgt. Das ist haarsträubend. Überlegen Sie doch einmal wieviel Kraft hier unnötigerweise verlorengeht. Da sind so viele Kräfte gebunden. – Wer seine Hände zu Fäusten ballt, dem kann man nichts hineingeben. Seine Haltung macht ihn unfähig zu empfangen. Er muß zuerst bereit werden, seine Hände zu öffnen als Zeichen dafür, daß er Abschied genommen hat vom ›Nach-tragen‹. Das ist die Voraussetzung Entlastender, Empfangender, Gebender, ja Gesegneter zu sein.

Noch ein Schlußgedanke: Es wäre schön, wenn es in unserem Leben einen solchen ›Nach-trag‹ – im Sinne von: etwas ergänzen – gäbe: Wir haben Vergebung angenommen und ausgeteilt. Wir haben end-gültig das ›Nach-tragen‹ beendet. Der Heilungsprozeß unseres Lebens schreitet heilsam voran. Wir sind Gesegnete in der Gemeinschaft mit Jesus Christus, dem wir unser Kreuz ›nachtragen‹ – das Zeichen der Vergebung. Und zwar als solche, die Versöhnung leben!

Not-wendig

Das Grundwort »Not« hat im Hebräischen und Griechischen die Bedeutung von: Einengen, bedrängen, zwängen, zusammendrücken, ängstigen, bedrücken. Es ist der allumfassende Begriff für die verschiedenen Bedrängnisse äußerer und innerer Art.

Not ist die Lage des Menschen, in der ihm zur Erhaltung des irdischen wie geistlichen Lebens dringend Benötigtes fehlt.

In der Bibel wird »Not« meist in Beziehung zu Gott gesehen. Gott sieht die Not (5. Mose 26, 7). Er ist »eine Hilfe in den großen Nöten« (Ps 46, 2) und verheißt: »Rufe mich an in der Not, so will ich dich erretten« (Ps 50, 15). Damit wird sichtbar, woraus die Not entsteht: der Mensch, ganz auf Gott angewiesen, ist doch von der Welt Gottes getrennt. Als schlimmste Not erweist sich daher die Sündennot und die Not des Todes. Wo die Sünde vergeben, wo dem Tode die Macht genommen ist, da wird ein Mensch durch Jesus Christus »guten Mutes« (2. Kor 12, 10), auch wenn er die Not weiterhin erfährt, weil er in einer Welt lebt, die durch Sünde und Tod bestimmt wird. Er hat aber erlebt und erlebt es immer wieder: »Er (Gott) ist ihre (der Gerechten) Stärke in der Not« (Ps 37, 39). Wer sich an ihm hält, erfährt, wie er Not wendet!

Ein paar Briefauszüge zu unserem Thema »not-wendig«:

– Eine junge Frau schreibt: »Manchmal empfinde ich es als eine Last, täglich die Bibel lesen zu müssen und auch beten zu sollen. Ist das denn wirklich notwendig?«

– Ein Mann in den mittleren Jahren teilt mit: »Immer wieder werde ich in Gesprächen, wenn man mich besucht, darauf aufmerksam gemacht, daß die Teilnahme am Gemeindeleben für mich gut und auch nötig sei, um im Glauben zu wachsen. Ich sehe das nicht so ...«

– Eine langzeitkranke Hörerin meint: »Obwohl meine Kräfte stark reduziert sind, macht es mir Freude, den ganzen Tag im Getriebe zu sein. Man sagt mir, ich solle mehr Pausen einlegen, mehr zu mir kommen, dann ginge es mir besser. Das sei nötig ...«

– Ein junger Mann sagte mir am Telefon: »Ich habe große Not, mit meinen Gedanken richtig umzugehen. Ich bleibe immer bei mir und meinen Fragen, Wünschen und Erwartungen hängen; zugleich merke ich, wie notwendig es wäre, davon wegzukommen ...«

– Eine nur mit wenig Kraft ausgerüstete Frau läßt mich wissen: »Ich kann fast nicht mehr, in Haus und Hof muß ich für alles gerade stehen. Ich weiß, stille Augenblicke wären für mich notwendig, aber ich komme nicht dazu, sonst packe ich meine Arbeit nicht ...«

Ein hilfreiches biblisches Beispiel für unser Stichwort »not-wendig« ist die Geschichte von Marta und Maria, die Jesus im Lukasevangelium erzählt:

»Als sie aber weiterzogen, kam er in ein Dorf. Da war eine Frau mit Namen Marta, die nahm ihn auf. Und sie hatte eine Schwester, die hieß Maria; die setzte sich dem Herrn zu Füßen und hörte seiner Rede zu. Marta aber machte sich viel zu schaffen, ihm zu dienen. Und sie trat hinzu und sprach: Herr, fragst du nicht danach, daß mich meine Schwester läßt allein dienen? Sag ihr doch, daß sie mir helfen soll! Der Herr aber antwortete und sprach zu ihr: Marta, Marta, du hast viel Sorge und Mühe. Eins aber ist not. Maria hat das gute Teil gewählt; das soll nicht von ihr genommen werden« (Lk 10, 38-42).

Für Jesus war das Haus der beiden Schwestern eine Oase. Die Gastfreundlichkeit, die er dort empfing, tat ihm gut. Marta muß tatsächlich einen enormen Arbeitseifer an den Tag gelegt haben. Sie schaffte herbei, was Haus, Hof und Keller hergaben. Der gesamte Haushalt geriet in Bewegung. Marta machte sich viel zu schaffen, dem Herrn zu dienen. Sie meinte: Jesus sei in Not, und sie müsse seine Not wenden. So wollte sie etwas für ihn tun, ihm dienen. Sie wollte Leistungen für ihn bringen, ihre Pflichten erfüllen und sah sich dann durch ihre passive Schwester Maria um die Anerkennung gebracht.

Marta suchte in Jesus einen Bundesgenossen für ihren Unmut. Sie platzte heraus: Herr, fragst du nicht danach, daß mich meine Schwester allein dienen läßt? Sage ihr doch, daß sie auch zupackt! Dieser Vorwurf traf eigentlich zuerst Jesus: Bist du blind für die Nichtstuerei meiner Schwester Maria? Ich rackere mich ab, und du läßt meine Schwester seelenruhig dir zu Füßen sitzen? Bring sie doch auf Trapp!

Jesus aber entgegnete: Marta, Marta, du hast viel Sorge und Mühe; eins aber ist not! Was will Jesus damit sagen?

Wenn Dienste und Aktionen erstrangig werden, wird das Leben – auch das Leben eines Menschen, der an

Jesus glaubt und ihm folgt – sorgenschwer und fruchtlos. Dann folgt er nämlich nicht mehr seinem Meister, sondern seinen eigenen Initiativen. Denn der Dienst für Jesus läßt sich nicht nach dem Gesichtspunkt der Zweckmäßigkeit beurteilen. Der Dienst für Jesus besteht darin, daß ich mir zuerst von Jesus dienen lasse. Erfolg mag man haben. Das ist aber noch lange keine Frucht. Jesus nannte den Namen der Marta zweimal. Ein Zeichen seines eindringlichen Mahnens. Marta, ich suche nicht dein rastloses Dienen, deine ständige Aktivität – ich suche dich. Dich will ich! Du machst augenblicklich das Zweitrangige zum Erstrangigen, das Eilige zum Wichtigen. Das verschiebt die Prioritäten – daher so viel Sorge, Mühe, Unzufriedenheit und Unruhe in deinem Leben.

Es geht darum, daß wir von dem verderbenbringenden Gedanken befreit werden, als ob wir mit dem, was wir tun, Gottes Sache in dieser Welt retten könnten. Wir müssen lernen, dem, was Gott in seinem Wort und durch sein Wort an uns tut, bewußt stille zu halten. Wir müssen lernen, uns diesem Wort wieder ohne Hektik auszusetzen, sonst verlieren wir die richtige Perspektive unseres Lebens. Es wird dann sorgenschwer, mühselig, unzufrieden und geistlich fruchtlos.

Was ist denn dieses Eine, von dem Jesus sagt, es sei unbedingt notwendig? Das Verhalten der Maria gibt Antwort. Maria hat erkannt, daß Jesus nicht in erster Linie nach Leistung fragt, sondern Bereitschaft sucht, sich dienen zu lassen. Er will gar nicht in erster Linie *haben,* er will *geben,* er will mit uns teilen, was er von Gott empfangen hat. Wir könnten also den Text auch so wiedergeben, daß wir sagen: *Einer* ist notwendig. Unsere Not soll gewendet werden. Jesus ist der Notwendende, wir die Notleidenden.

Wenn wir bestimmen, was die Stunde fordert, qualifizieren wir dieselbe und blockieren damit, was Jesus will. Da lag die Not der Marta. Sie erkannte nicht, daß Jesus ihr begegnen wollte. Sie wollte ihm dienen, statt sich seinen Dienst gefallen zu lassen. Damit tat sie aber gerade nicht, was die Stunde, was der Augenblick von ihr forderte. Der Segen dieser Stunde ging für sie verloren, nicht wegen der Arbeit, die sie sich machte, sondern weil es Jesus jetzt nicht aufs Arbeiten ankam.

Das aber hatte Maria in diesem Augenblick erkannt. So wehrte sie sich auch nicht gegen die Vorwürfe ihrer Schwester. Sie gab nicht tüchtig kontra: Siehst du, Jesus, so ist die Marta immer zu mir. Jetzt hörst du's einmal selbst, wie die mich ständig antreibt und piesackt. Nichts von solchen Worten wird gesagt. Maria blieb ruhig. Woher gewann sie die Kraft dazu? Maria hatte richtig erkannt: Jetzt, wo Jesus hier ist, muß ich mir vor allem von ihm dienen lassen, sonst kann ich nicht recht dienen! Sie war offen und bereit für Gottes Stunde und erfaßte das Gebotene der Stunde.

Keinesfalls darf man die beiden Schwestern gegeneinander ausspielen. Denn es geht um die Frage, was ist im Augenblick der Einkehr Jesu erstrangig – das Dienen oder das Sich-dienen-lassen. Diese Frage ist brennend. Es geht um den Augenblick. Es geht darum, daß wir lernen, das Richtige im rechten Augenblick zu tun. In unserer Geschichte war es in diesem Augenblick *das Hören*, das Stillewerden, das Sich-dienen-lassen. Eine Perikope vor unserem Abschnitt im Lukasevangelium ist es *die Aktion.* Dort wird uns die Geschichte vom barmherzigen Samariter berichtet, die Jesus mit der Aufforderung schließt: »So geh hin und tu desgleichen!«

Es geht in unserem Leben immer wieder um die entscheidende Frage, zu erkennen, was Zinzendorf einmal so formulierte: »Ob's etwa Zeit zum Streiten, ob's Rasttag sei!«

Vier bis heute gültige Wegweisungen können wir dieser Geschichte entnehmen, die mit dazu beitragen, daß wir erkennen und tun, was unsere Not wendet.

1. *Bewußte Abhängigkeit von Jesus.* Diese Haltung scheint immer weltfremder zu werden, auch bei Jesusleuten. Man will Partnerschaft in kollegialer Weise bis ins Gebet. Doch der Totalitätsanspruch Jesu kann nur in demütiger Weise angenommen werden. Herr ist Jesus Christus.

Das sorgenvolle Leben wird sich fortsetzen, man wird geistlich ausrinnen, wenn man nicht zur Haltung Marias findet. Jesu Wort gilt es ohne Wenn und Aber zu akzeptieren. Jesus liebt uns und will uns dienen, ja, er will uns göttliche Vollmacht schenken. Auch heute wohnt er bei denen, »die zerschlagenen und demütigen Geistes sind« (Jes 57,15). Ohne diese demütige Haltung sind wir für Gottes Sache dienstunfähig.

2. *Stille und Sammlung.* Auch auf diesem Gebiet bleibt Jesus unser Vorbild. Er hat vor neuen Aktivitäten immer

die Stille vor Gott aufgesucht. Es waren seine schöpferischen Pausen, in denen er die notwendige Kraft für seine ihm von Gott aufgetragenen Aufgaben bekam. Wir dürfen über Aktionen für Gottes Sache nicht die Sammlung im Gespräch mit Gott vergessen. In ihr bekommen wir die notwendige Spannkraft und Dynamik, mit den vielfältigen Konflikten des Lebens fertig zu werden bzw. sie zu ertragen.

3. *Wirkliches Zuhören.* Zuhören fällt den meisten Menschen heute schwerer als Reden. Zuhören ist unbeliebt in unserer Zeit. Der Diskussion wird der Vorzug gegeben. Gewiß haben Gespräche ihre gute Bedeutung und Berechtigung. Gottes Wort will aber nicht diskutiert, sondern vor allem gehört und dann gelebt werden. Auf dem Weg des Zuhörens begegnet uns unter dem Wirken des Heiligen Geistes Gott. Jesus dient uns. Das ist aber nicht nur ein äußerer akustischer Vorgang. Wer auf Jesu Wort hört, diesem Wort seine ungeteilte Aufmerksamkeit gibt, in dessen Leben geschieht etwas – etwas Schöpferisches durch Gottes Geist. Das Wort Gottes ist voller Heilkraft, voller Geist und Leben. Mit dem glaubensvollen Zuhören empfangen wir Kräfte und Gaben, wir haben teil am Leben Gottes.

4. *Horchen und Gehorchen.* Mit dem Satz »Eins aber ist not«, »eins ist not-wendend«, deckt Jesus den tiefen Zusammenhang auf, der zwischen dem Tun und dem Hören besteht. Nur wo ein Mensch wirklich horcht, kann er auch hingehen und gehorchen. Das ist das »gute Teil«: Stillesein und Empfangen, Hören und Gehorchen.

Wenn also Jesu Wirken an uns erstrangig ist, wird unser Leben friedevoll, heil, sinnvoll und fruchtbar. Wir tun nichts mehr in Eigeninitiative als fromme Leistung, sondern in der totalen Abhängigkeit von Jesus Christus. Maria bewies, daß es ihr nicht nur um Selbsterbauung ging. Im Kreis der Frauen hielt sie standhaft unter dem Kreuz Jesu aus (Mk 15, 40). Sie setzte sich für die Sache Jesu Christi tapfer ein.

Es geht also darum, zu lernen, daß vor unserem Dienst für Jesus sein Dienst an uns steht. Bevor wir uns dann auf den Weg machen, gilt es sich zu sammeln in der Konzentration vor und auf Gott. Dann bleiben wir in all unserem Tun von seinem Leiten und Wirken abhängig. Das sind die wirklich notwendigen Pausen!

Die Termine mit Gott haben immer Vorrang vor den Terminen für Gott!

Re - signieren

»Resignation« – es gibt kaum einen Ausdruck in unserem täglichen Sprachgebrauch, der hoffnungsloser klingt. Wenn wir dieses Wort hören, vermutet kaum jemand dahinter etwas Positives. Und doch ist es so. »Resignation« kommt von dem lateinischen Wort »resignare« und bedeutet: entsiegeln, offenbaren, wörtlich: die Unterschrift zurücknehmen. Demnach beinhaltet es die Chance, zu einer neuen Erkenntnis, einem neuen Anfang zu kommen.

Jeder kennt Lebenslagen, in denen er am liebsten resignieren möchte. Das kann auf verschiedene Weise geschehen:

1. Man wirft die Flinte ins Korn und gibt auf. »Hat ja doch keinen Zweck; was soll's; alles egal; bin doch abgeschrieben; alles sinnlos ...« sind entsprechende Formulierungen dafür. Die Sache oder die Beziehung erscheint einem hoffnungslos.

2. Man macht trotzdem weiter – nicht selten sogar verbissen –, obwohl man weder Lust hat noch einen Sinn darin sieht. Bewundernswert, aber nicht nachahmenswert! Das gibt nur Krampf.

3. Man kann aber auch in der Anfechtung zur Resignation wirklich »re-signieren«, ohne in einer Verzweiflung

steckenzubleiben. Dabei geht es in erster Linie darum, sich selbst und alles, was die Resignation ausgelöst hat, loszulassen – loszulassen in die Hände Gottes, der die Fäden zieht. Gott ist in der Anfechtung zur Resignation der entscheidende Faktor = Macher. Das bedeutet meinerseits keine Verantwortungslosigkeit, sondern uneingeschränktes Vertrauen in Gottes Wegführung. Ich nehme meine Vorstellungen, meinen Plan zurück; ich »resigniere« und halte Gott ein leeres Blatt hin mit der Bitte: Diktiere du, weise mich ein in deine Vorstellungen; zeige mir deinen Weg mit mir, mit meinem Leben.

Es ist ein Prozeß zu durchlaufen, bis solche Erkenntnis einen heilsamen Niederschlag in unserem Leben findet.

Ein Beispiel für gottgewolltes Re-signieren ist der Bericht über den Propheten Elia, wie wir ihn in 1. Könige 19,1-18 finden. Das war eine große Sache auf dem Berg Karmel. Die Entscheidung in der Streitfrage: Wer ist Herr: Jahwe oder Baal? war gefallen. Da wagte es dieser Elia, gegen 450 Baalspriester anzutreten und behielt den Sieg auf seiner Seite. Es war klar: Ein anderer mußte die Fäden gezogen haben. Gott hatte sich in machtvoller Weise bezeugt als der lebendige Gott. Eindeutig stand fest: »Jahwe ist der Herr!«

Und dann kam Isebel, die heidnische Königin, Ahabs Frau – unbeeindruckt von dieser Eindeutigkeit. Sie läßt Elia ausrichten: »Die Götter sollen mir dies und das tun, wenn ich nicht morgen um diese Zeit dir tue, wie du diesen getan hast!« (V. 2) Und? – Elia resigniert! Er resigniert nicht an der Stelle, wo es schwierig ist; nein, er resigniert an einer Stelle, nach dem fundamentalen Sieg.

Der Held vom Karmel läuft um sein Leben. »Da fürchtete er sich, machte sich auf und lief um sein Leben« (V. 3).

Das ist menschlich erklärbar. Elia ist nach diesem Tag auf dem Karmel völlig mit den Nerven abgespannt. Wie lange hat er für diesen Tag gebetet. Dreieinhalb Jahre hat er diesen Tag herbeigebetet und vorbereitet. Nun ist die Entscheidung gefallen. Das Volk hat sich an die Brust geschlagen und bekannt: »Jahwe ist Gott!« Das Ziel ist erreicht, nach dem er sich so lange gesehnt hat. Der Regen ist der Verheißung gemäß gekommen. Nun trat aber auch eine gewisse Abspannung der Nerven ein. Wer kennt das nicht, dieses seelische Tief nach einer großen Anspannung?!

Zu dieser Abspannung der Seele kommt bei Elia noch die Erschöpfung des Leibes. Er ist vor dem Wagen des Königs hergelaufen. Das hat körperliche Kraft gekostet, Herz und Kreislauf sind angegriffen. Er ist erschöpft, nach Leib und Seele fertig.

Ein gutes Angriffsfeld für die Anfechtung zur Resignation. Statt sich auf seinen Herrn und Gott zu konzentrieren, läßt er sich vom Drohbrief der Königin bannen – und läuft weg, ohne sich zu besinnen, wer der Herr ist.

Halten wir fest:
- Elia reagiert falsch.
- Elia ist erschöpft nach Leib und Seele.
- Elia wird schuldig, weil er, ohne nach Gott zu fragen, wegläuft.
- Elia verzagt, er resigniert.

»Er (Elia) aber ging hin in die Wüste eine Tagesreise weit und kam und setzte sich unter einen Wacholder und wünschte sich zu sterben und sprach: Es ist genug, so nimm nun, HERR, meine Seele; ich bin nicht besser als meine Väter« (V. 4). – Elia verzagt, er resigniert.

Verzagtheit ist Undankbarkeit gegen die bisherige Führung Gottes.

Hätte Elia in der Anfechtung auf seinen bisherigen Weg mit Gott zurückgeschaut, hätte er eindeutig Gottes Führung in seinem Leben erkennen können: seine Berufung – Gottes Wort aus seinem Mund an den König Ahab – seine Versorgung am Bach Krith durch die Raben – Mehl und Öl bei der Witwe zu Zarpath – die Auferwekkung des Sohnes der Witwe – der Sieg auf dem Karmel – der Regen! Eine Kette von Wundern Gottes. Zeichen, daß Gott mit ihm ist. Und er denkt jetzt mit keinem Gedanken daran. *Verzagtheit macht vergeßlich und undankbar.*

Verzagtheit ist Unglaube dem gegenwärtigen Gott gegenüber.

Wer sich der Verzagtheit ergibt, schaltet Gott als den entscheidenden Faktor aus seinen Überlegungen aus. Gott ist nicht mehr da als allmächtiger, lebendiger Herr. So macht es Elia. Er liegt in der Wüste unterm Ginsterstrauch und wünscht sich den Tod. Er sieht nur die Königin Isebel, und seine Gedanken kreisen um ihre Drohbotschaft. – Es hätte alles so schön sein können mit der »Reformation«. Warum hat das Gott nur zugelassen mit dieser Morddrohung? Er hätte doch ... Ein Spinnennetz von Gedanken, in dem sich Elia verfangen hat. Dabei hat er gar nicht abgewartet, was Gott tun wird. Er hat nicht gefragt: Herr, was soll ich tun? Was willst du? Er ist einfach davongelaufen. Und nun macht er Gott Vorwürfe. Dabei ist es sein Unglaube, sein Ungehorsam, der ihn in diese Lebenslage gebracht hat. *Verzagtheit macht deprimiert.*

Verzagtheit ist Mißtrauen der zukünftigen Führung Gottes gegenüber.

Warum will Elia denn sterben? Weil er sich von der Zukunft nichts mehr verspricht. Warum verspricht er sich nichts mehr? Es läuft nicht so, wie er meint, daß es sein müßte, wie er es sich vorgestellt hat. Es bewegt sich offenbar – trotz des Sieges auf dem Karmel – nichts Weltbewegendes, so meint er. Also ist Gott in dieser Welt anscheinend doch zur Wirkungslosigkeit verdammt. Der Durchbruch ist ja doch nicht da, die Reformation. Dabei hat die Reformation längst begonnen. Das Volk wartet auf den Reformator, aber der ist auf der Flucht, ist verzagt und will sterben. Er resigniert. Ihm fehlt gänzlich das Vertrauen in seinen Herrn, der »Weg allerwegen« hat und dem es an Mitteln nicht fehlt, das hinauszuführen, was er begonnen hat. *Verzagtheit macht hoffnungslos.*

Es gibt noch einen Grund, warum Elia resigniert: »Ich habe geeifert für den HERRN, den Gott Zebaoth; denn Israel hat deinen Bund verlassen und deine Altäre zerbrochen und deine Propheten mit dem Schwert getötet, und ich bin allein übriggeblieben, und sie trachten danach, daß sie mir mein Leben nehmen« (V. 10). *Die Verzagtheit hat Elia den Blick eingeengt.* Er meint: Ich bin der einzige, der sich noch zu Gott hält. Alle anderen sind untreu geworden. Wie kann Verzagtheit doch die Wirklichkeit verzerren! Sie sieht nicht mehr den Bruder und die Schwester im Glauben. *Verzagtheit treibt in die Einsamkeit.*

Wie handelt nun Gott, um Elia aus seiner Resignation herauszuholen, um ihn dazu zu bringen, daß er wirklich »re-signiert«, also von seinen eigenen Vorstellungen abläßt und Gott sein leeres Blatt hinhält und ihn um Vergebung bittet, ihn bittet: Zeige mir deinen Weg mit meinem Leben.

Wird Gott dem verzagten Propheten eine tüchtige Strafpredigt halten? Wird er ihm vorhalten, daß durch sein Mißtrauen jede Basis genommen ist für neues Vertrauen? Wenn Gott das täte, würde er das zerbrochene Rohr völlig zerbrechen und den glimmenden Docht ganz auslöschen. Doch das ist nicht die Seelsorge Gottes. Nein, statt einer Strafpredigt gibt es Schlaf, Essen und Trinken. Das ist's, was der erschöpfte Mann zuerst braucht. Gott läßt Elia erneut seine Fürsorge erfahren.

Gott stärkt den Verzagten dann durch den Blick auf die »Wolke von Zeugen«. »Und der Engel des Herrn kam zum zweitenmal wieder und rührte ihn an und sprach: Steh auf und iß! Denn du hast einen weiten Weg vor dir. Und er stand auf und aß und trank und ging durch die Kraft der Speise vierzig Tage und vierzig Nächte bis zum Berg Gottes, dem Horeb« (V. 7.8).

Gott will Elia an der Geschichte seines Volkes deutlich machen, wie treu und barmherzig er ist, aber auch, wohin man kommt, wenn man eigene Wege geht.

Gott stärkt den Verzagten mit gezielten seelsorgerlichen Fragen. Am Ende der 40 Tage stellt Gott Elia die gleiche Frage wie am Anfang: »Was machst du hier, Elia?« (V. 9). Was soll Elia antworten? Es stimmt, er ist eigene Wege gegangen, er hat eigenmächtig und eigenwillig gehandelt. – Elia geht gar nicht auf Gottes Frage ein. Er ist immer noch gefangen in seinem Denken. Es läuft nicht so, wie er es sich vorgestellt hat.

Nun führt Gott Elia in die Stille. In ihr kommt es zu einer neuen Gottesbegegnung. Da gibt Gott Elia in wunderbarer Langmut weiteren Anschauungsunterricht, daß er ihm keine Schuld zuschieben kann, sondern daß seine falschen Gedanken und Vorstellungen schuld sind, die Vorstellungen, die sich Elia von Gott und seinem Wesen und Handeln gemacht hat. Und weil Gott so nicht reagiert, meint Elia, Grund zum Grollen zu haben. Doch Gott zeigt ihm, wie er ist: gnädig und barmherzig. Er geht nicht mit uns um, wie wir es verdient hätten, wenn wir einsichtig werden. Und Elia wird es ganz langsam.

So schickt Gott den Elia »seinen Weg« wieder zurück, den Irrweg: »Gehe wieder deines Weges«. Gott weist ihm seinen alten Platz zu. Man wird mit Problemen nicht fertig, indem man vor ihnen flieht. Gott nimmt auch nicht einfach aus der Not heraus, aber er führt durch sie hindurch, und er ist mit dabei.

Gott weiß, warum er uns an den alten Platz schickt. Da können wir uns in neuem Vertrauen bewähren und zeigen, daß wir ein Stück weiter gelernt haben, ihm und seinem Wort zu glauben; daß wir verstanden haben, daß mit einem echten »Re-signieren« sich neue Türen auftun zu einem Leben des Sieges. Elia geht. Er ist gehorsam. Er re-signiert! Er fängt neu an.

Das könnte auch für uns alle die Möglichkeit eines Neuanfangs sein: Geben wir endlich unsere Vorstellungen, unsere selbstgefertigten Pläne aus der Hand! Stellen wir die Flucht ein, und hören wir auf mit Ausflüchten und Schuldabschieben auf andere. »Re-signieren« wir, indem wir Gott ein leeres Blatt hinhalten und ihn fragen: Was ist dein Weg mit mir? Was willst du, daß ich tun soll? Vergib mir meine Eigenwilligkeit. Gib du mir neu das Thema meines Lebens!

Sich verlassen

»Sich verlassen«, das heißt wegschauen von sich selbst, wegkommen von den eigenen Unmöglichkeiten. »Sich verlassen« – ich gehe weg von mir und schaue auf Gott und seine Möglichkeiten. Ich verlasse mich und verlasse mich auf Gott, denn »er ist ein Fels, ein sichrer Hort, und Wunder sollen schauen, die sich auf sein wahrhaftig Wort verlassen und ihm trauen. Er hat's gesagt und darauf wagt mein Herz es froh und unverzagt und läßt sich gar nicht grauen« (Philipp Spitta).

Froh und unverzagt, ohne Grauen seinen Weg durchs Leben gehen – wer möchte das nicht?! Ist es dazu nötig, daß die Lebensumstände leicht und glücklich sind? Wie oft wünschen wir uns, daß sie wenigstens leichter werden möchten. Und doch, es ist eine erstaunliche Tatsache, daß es immer wieder Menschen gab und gibt, die getrost waren und sind – auch in Verhältnissen, die zu Angst und Sorgen, zu Verzagtheit und Grauen, ja zum Klagen und Hadern mit dem Schicksal hätten Anlaß geben können.

Ich denke da an einen Mann Gottes, von dem uns im Alten Testament berichtet wird, an Josua. Von ihm lesen wir im Buch Josua, Kap. 1, Verse 1-9:

»Nachdem Mose, der Knecht des Herrn, gestorben war, sprach der HERR zu Josua, dem Sohn Nuns, Moses Diener: Mein Knecht Mose ist gestorben; so mach dich nun auf und zieh über den Jordan, du und dies ganze Volk, in das Land, das ich ihnen, den Israeliten, gegeben habe. Jede Stätte, auf die eure Fußsohlen treten werden, habe ich euch gegeben, wie ich Mose zugesagt habe. Von der Wüste bis zum Libanon und von dem großen Strom Euphrat bis an das große Meer gegen Sonnenuntergang, das ganze Land der Hetiter, soll euer Gebiet sein. Es soll dir niemand widerstehen dein Leben lang. Wie ich mit Mose gewesen bin, so will ich auch mit dir sein. Ich will dich nicht verlassen noch von dir weichen. Sei getrost und unverzagt; denn du sollst diesem Volk das Land austeilen, das ich ihnen zum Erbe geben will, wie ich ihren Vätern geschworen habe. Sei nur getrost und ganz unverzagt, daß du hältst und tust in allen Dingen nach dem Gesetz, das dir Mose, mein Knecht, geboten hat. Weiche nicht davon, weder zur Rechten noch zur Linken, damit du es recht ausrichten kannst, wohin du auch gehst. Und laß das Buch dieses Gesetzes nicht von deinem Munde kommen, sondern betrachte es Tag und Nacht, daß du hältst und tust in allen Dingen nach dem, was darin geschrieben steht. Dann wird es dir auf deinen Wegen gelingen, und du wirst es recht ausrichten. Siehe, ich habe dir geboten, daß du getrost und unverzagt seist. Laß dir nicht grauen und entsetze dich nicht; denn der Herr, dein Gott, ist mit dir in allem, was du tun wirst.«

Ob Sie nachempfinden können, was im Herzen, in den Gedanken und Gefühlen dieses Mannes vor sich ging?

Angst vor dem Kommenden wollte sich seiner bemächtigen. Angst hängt ja immer zusammen mit der Zukunft, mit dem, was kommt, aber auch mit den negativen Erfahrungen aus Vergangenheit und Gegenwart.

Vielleicht haben auch Sie Angst, weil Sie aus der Vergangenheit und Gegenwart wissen, daß Sie nicht stets – was die Zukunft betrifft – Herr der Lage sein werden. Sie fürchten sich vor einer Verschlechterung Ihres Gesundheitszustandes. Sie bekümmert vielleicht Ihre Ehe-, Familien-, Freundes-, ja vielleicht sogar die Weltsituation. Sie haben Angst vor der Einsamkeit, vor Anfechtungen. Wer ist schon frei von solchen Ängsten und Befürchtungen?! Da ist es gut, wenn wir uns daran erinnern, daß wir an vielen Stellen der Bibel immer wieder die Worte finden: Fürchte dich nicht! Erschrick nicht! Hab keine Angst! Sei getrost und unverzagt!

Wir brauchen uns nicht dafür zu schämen, daß wir Gottes Zuspruch brauchen. Wir haben ihn nötig. Das weiß Gott. Er weiß, daß wir ihn benötigen, weil wir oft Vertrauen und Zuversicht gegen den Augenschein zu üben haben.

So ging es diesem Josua in seiner Lebenslage auch. Er war der ständige Begleiter Moses und wurde dessen Nachfolger, als dieser von Gott heimgerufen wurde. Bestimmt war Josua kein Feigling, denn bei der Eroberung des Landes führte er schließlich die Truppen an. Darum ist es schon erstaunlich, daß Gott ihm Mut zusprechen muß, als er sein Amt als Nachfolger Moses antritt, als ein neuer Lebensabschnitt für ihn beginnt. Gott ermutigt

Josua dreimal mit den Worten: »Sei getrost und unverzagt« (Jos 1, 6.7.9).

Fürchtet sich Josua vor dem neuen Land, das unbekannt vor ihm liegt? Wohl auch, aber daß ihn der Mut so ganz verlassen will, hängt damit zusammen, daß er an die Widerspenstigkeit und den Ungehorsam, das Aufbegehren seines Volkes denkt. Und mit diesem Volk soll er das Land einnehmen. Das bereitet ihm Angst. Deswegen braucht er Stärkung und Ermutigung von Gott.

Angst – Angst vor dem Morgen damals wie heute. Solche Angst kann schon verzagt, mürbe und auch mutlos machen. Doch da, wo wir am Ende sind mit unseren Möglichkeiten, ist es Gott noch lange nicht. Unsere Unmöglichkeiten sind das Baumaterial für Gottes Möglichkeiten. Gottes Stunden sind oftmals die Nullpunkte in unserem Leben. Gott geht nicht an unseren Schwierigkeiten vorüber. Mitten hinein in dieses unmöglich Erscheinende, in die Unentschlossenheit und Verzagtheit eines Josua kommt der Anspruch und Zuspruch Gottes: »Siehe!« Also: Merke auf! Komm heraus aus deiner Verzagtheit! Verlaß dich! Denk an mich; verlaß dich auf mich! Wo immer dieses »Siehe« in der Bibel geschrieben steht, geschieht etwas Neues, Entscheidendes – so auch hier: Siehe, ich bin der Herr, dein Gott! Sei unverzagt, laß dir nicht grauen! – Welch ein mächtiger Zuspruch hinein in all die Angst und Ungewißheit des Kommenden. Dieses Wort ist so voller Zuversicht, daß, wenn man es aufnimmt in sein gottvertrauendes Denken, es einem fast den Atem wegnimmt. Gott handelt seelsorgerlich an Josua. Er will ihm in dieser heiklen Lebenslage

Mut zusprechen, in ihm das Vertrauen zu seinem Gott stärken, daß er sich auf ihn verläßt, wegkommt von seinen Ängsten. Die Angst soll dem Gottvertrauen weichen, so daß Josua getrost den Schritt über den Jordan wagt und das unbekannte Land, das vor ihm liegt und das Gott ihm zugesagt hat, einnehmen kann. Es ist, als lege Gott – im Bild gesprochen – väterlich seine starke Hand auf Josuas Schulter, als spräche er zu ihm: Sei doch unverzagt! Ich bin doch mit dir. Wage den Schritt! Verlaß dich selbst! Verlaß dich ganz auf mich! Hier ahnen wir etwas von der Herrlichkeit göttlichen Geleits.

Auch für uns gilt es – im übertragenen Sinne –, täglich neues, oftmals unbekanntes Land einzunehmen. Auch wir haben nicht selten Angst vor dem Kommenden, vor dem, was uns das Fürchten lehren, was uns angst und bange machen will. Doch wir brauchen nicht davor wegzulaufen. Unser Gott ist dem gewachsen. Er ist der Herr. Mit ihm dürfen wir getrost und unverzagt unseren Fuß auf neues Land setzen. Denn »er ist ein Fels, ein sichrer Hort, und Wunder sollen schauen, die sich auf sein wahrhaftig Wort verlassen und nicht trauen.«

Es gibt nur eine einzige Bedingung. Sie steht in Josua 1, 8, vor der Ermutigung zum Gottvertrauen, und heißt: »Laß das Buch dieses Gesetzes (also Gottes Wort) nicht von deinem Munde kommen, sondern betrachte es Tag und Nacht, daß du hältst und tust in allen Dingen nach dem, was darin geschrieben steht. Dann wird es dir auf deinen Wegen gelingen, und du wirst es recht ausrichten.«

Mit anderen Worten: Wir sollen Gottes Wort in unserem Herzen und in unseren Gedanken bewahren und befolgen. Dann erfahren wir, daß Gott mit uns ist, daß seine Gnade und Treue jeden Morgen frisch und neu sind, daß wir uns darauf uneingeschränkt verlassen können. Dann muß uns vor dem Kommenden nicht grauen. Wir brauchen uns nicht von der Angst gefangennehmen zu lassen. Wir lernen, damit richtig umzugehen. Unser Gott ist immer schon voraus und ebnet uns den Weg. Wie immer unsere Schwierigkeiten aussehen mögen, mit wem oder was wir uns auseinanderzusetzen, zu kämpfen haben, wenn es riesengroß vor uns stehen und menschlich aussichtslos sein sollte – unser Gott ist allen Schwierigkeiten gewachsen.

Wir wollen uns stets erinnern und dadurch ermutigen lassen: Herr aller Lebenslagen ist und bleibt unser Gott, der uns in Jesus Christus zusagt: »Ich bin bei euch alle Tage« (Mt 28, 20). Da sind auch die weniger schönen Tage nicht ausgenommen. Auch im unmöglich Erscheinenden gilt, daß unser Gott Wege und Mittel hat, uns zu helfen und uns zu segnen. Darum dürfen wir seinem Wort Folge leisten und ihm vertrauen. Er hält Wort, wenn er zusagt: ›Siehe, ich habe dir geboten, sei zuversichtlich und entschlossen, sei unverzagt; habe keine Angst und verliere nie den Mut; laß dir nicht grauen und entsetze dich nicht, denn ich, der Herr, dein Gott, bin mit dir in allem, was du tun wirst!‹ Josua hat sich darauf verlassen. Wir lesen nichts davon, was sich in ihm, in seinen Gedanken abspielte. Die Umstände haben sich nicht geändert. Das Volk ist das alte geblieben. Das neue Land liegt weiterhin unbekannt vor ihm, noch immer getrennt von dem reißenden Jordan. Aber in ihm, in seinem gottvertrauenden Denken ist die Entscheidung gefallen, sich zu verlassen – auf seinen Gott, so daß er sagen kann: In drei Tagen gehen wir über diesen Jordan, um das verheißene Land einzunehmen. Man kann Neues beginnen, wenn man Altes verläßt!

Josua hat sich mit seiner Angst, seinen Bedenken, seinem Verzagtsein selbst verlassen, sich davon distanziert und sich uneingeschränkt auf seinen Gott und dessen Wort, mit ihm zu sein, verlassen. Dadurch erlebte er, daß er nicht von Gott verlassen ist. Diese Erfahrung dürfen auch wir machen, weil uns die Zusage gegeben ist von unserem Herrn: »Ich will dich nicht verlassen noch von dir weichen«!

Ich steh in meines Herren Hand und will drin stehenbleiben; nicht Erdennot, nicht Erdentand soll mich daraus vertreiben. Und wenn zerfällt die ganze Welt, wer sich an ihn und wen er hält, wird wohlbehalten bleiben.

Er ist ein Fels, ein sichrer Hort, und Wunder sollen schauen, die sich auf sein wahrhaftig Wort verlassen und ihm trauen. Er hat's gesagt, und darauf wagt mein Herz es froh und unverzagt und läßt sich gar nicht grauen.

Und was er mit mir machen will, ist alles mir gelegen; ich halte ihm im Glauben still und hoff auf seinen Segen. Denn was er tut, ist immer gut, und wer von ihm behütet ruht, ist sicher allerwegen.

Ja, wenn's am schlimmsten mit mir steht, freu ich mich seiner Pflege; ich weiß: die Wege, die er geht, sind lauter Wunderwege. Was böse scheint, ist gut gemeint; er ist doch nimmermehr mein Feind und gibt nur Liebesschläge.

Und meines Glaubens Unterpfand ist, was er selbst verheißen: daß nichts mich seiner starken Hand soll je und je entreißen. Was er verspricht, das bricht er nicht; er bleibet meine Zuversicht. Ich will ihn ewig preisen.

Philipp Spitta 1801-1859

Über - heben

»Über-heben« – dieses Wort hat zweierlei Bedeutung: Es kann gebraucht werden im Sinne von »überheblich«, zu hoch von sich denken. Es kann aber auch meinen, daß sich einer »überhebt«, zu viel heben will; heben will, was über seine Kräfte geht.

Ein Bericht des Apostels Paulus aus dem 2. Korintherbrief kann uns helfen, das noch besser zu verstehen. Paulus schreibt dort:

»Ich kenne einen Menschen in Christus ... da wurde derselbe entrückt bis in den dritten Himmel ... und hörte unaussprechliche Worte ... – Und damit ich mich wegen der hohen Offenbarungen nicht überhebe, ist mir gegeben ein Pfahl ins Fleisch, nämlich des Satans Engel, der mich mit Fäusten schlagen soll damit ich mich nicht überhebe. Seinetwegen habe ich dreimal zum Herrn gefleht, daß er von mir weiche. Und er hat zu mir gesagt: Laß dir an meiner Gnade genügen; denn meine Kraft ist in den Schwachen mächtig. (Wörtlich: denn die Kraft kommt in Schwachheit zum Ziel, Anm. d. Verf.) Darum will ich mich am allerliebsten rühmen meiner Schwachheit, damit die Kraft Christi bei mir wohne. (Wörtlich: Deshalb bejahe ich meine Schwachheit, auf daß die Kraft Christi bei mir wohnt, Anm. d. Verf.) Darum bin ich guten Mutes in Schwachheit, in

Mißhandlungen, in Nöten, in Verfolgungen und Ängsten, um Christi willen; denn wenn ich schwach bin, so bin ich stark« (2. Kor 12, 2; 4, 7-10).

»Meine Kraft ist in den Schwachen mächtig.« Solch ein Wort tut uns gut. Es nennt Gottes Kraft und unsere Schwachheit in einem Atemzug. Es verbindet, was uns oft sehr weit auseinanderliegend vorkommt.

Ein mutmachendes Wort: Es gibt nicht nur unsere Schwachheit, es gibt nicht nur all die vielen Dinge, die uns zu schaffen machen, mit denen wir nicht zurechtkommen. Es gibt auch meine Kraft, sagt der lebendige Herr. Ich bringe eure Schwachheit mit meiner Kraft zusammen. Und daraus entsteht etwas ganz Neues. »Meine Kraft ist in den Schwachen mächtig« – das ist frohe Botschaft!

Glauben wir sie, diese frohe Botschaft? Nicht nur, daß das so in der Bibel steht, daß das schon stimmt, theoretisch als Glaubenssatz oder für andere. Ein schöner Spruch also! – Nein, daß das für Sie, für mich ganz persönlich stimmt: »Meine Kraft ist in den Schwachen mächtig!«

Ich stelle mir selbst diese Frage immer und immer wieder in bezug auf meine Schwachheit – ehrlicher: meine Schwachheiten. Ich meine nicht nur körperliche Gebrechen, seelische Nöte, nein, auch Schwachheit im Glauben, im Vertrauen, im Geduld-Üben, eben auch in den geistlichen Bereichen. Und ich stelle mir diese Frage auch im Blick auf die Nöte und Sorgen, den Kummer und die

Konflikte, die Ängste und Anfechtungen, die mir in der Brief- und Telefonseelsorge mitgeteilt werden. Da ist von viel Schwachheit die Rede. – Stimmt das denn, dieses Wort: »Meine Kraft ist in den Schwachen mächtig«? Nehme ich es für mich an? Glaube ich es, wenn ich es anderen zuspreche?

Es ist ja nicht ein Wort, das man so einfach dahinspricht, kein selbstlaufendes Wort. Dieses Wort »Meine Kraft ist in den Schwachen mächtig« ist erst nach mühsamen Fragen und Kämpfen, nach ernsthaftem Ringen und Flehen gesprochen bzw. geschrieben worden, ja zur Erfahrung geworden. Paulus hat es uns weitergegeben.

Um es recht zu verstehen, müssen wir uns etwas mit ihm und der Lebenslage beschäftigen, in der er sich befand, als er diese Worte niederschrieb. Paulus hat die Gemeinde in Korinth gegründet. Und als er von ihr weiterzieht, bleibt er im Briefverkehr mit ihr, weil er sich für sie verantwortlich weiß. Während seines Wegseins übernehmen in der Gemeinde andere Leute das Sagen. Sie wollen Einfluß und Macht. Und sie rühmen sich durch Wundertaten und Offenbarungen. Es entstehen Spannungen in der Gemeinde.

Als Paulus davon erfährt, macht er einen Besuch in der Gemeinde, richtet dabei aber nichts aus. Im Gegenteil: Man macht ihm den Vorwurf: Wenn du weg bist, kannst du große Briefe schreiben, aber wenn du dann da bist, gibst du eine ganz schwache Figur ab. Es geht keine Ausstrahlung von ihr aus. Wo ist denn deine Kraft, dein Glaube, deine Vollmacht?

Eigentlich auch für unsere Tage keine fremde Situation. Mir begegnen immer wieder solche Menschen, die von *ihren* Erfahrungen im Glauben so berichten, von *ihren* Gebetserhörungen so sprechen und davon, wie klar *sie* Gottes Wort in einer bestimmten Lebenslage vernommen haben, daß es da überhaupt kein Problem gibt, daß alles eindeutig und klar ist. Dann komme ich mir so oft klein und hilflos vor. Ich werde durch deren Zeugnis eben nicht ermutigt, sondern entmutigt.

Ich erinnere mich an ein Seminar zum Thema »Dankbarkeit«. Nach einem Vortrag saßen wir zum Gedankenaustausch in der Runde zusammen. Die Anregung der Gesprächsleiterin, doch etwas zu diesem Thema aus eigener Erfahrung zu sagen, nahm eine Frau auf. Sie berichtete, wie froh und dankbar sie jeden Morgen aufstehe und in und durch den Tag gehe. Ein anderer Gesprächsteilnehmer nahm diesen Akzent auf, auch ein dritter, ein vierter und fünfter. Mir wurde immer unwohler, als plötzlich alle mit dankbarem Herzen jeden Tag erlebten. Ich fühlte mich mächtig unter Druck gesetzt. Lebten diese Menschen in einer anderen Welt als ich?! – Da meldete sich eine Krankenschwester zu Wort. Mit fast von Tränen erstickter Stimme meinte sie: »Ich glaube, ich gehöre hier nicht her. Bei mir sieht das gar nicht so aus. Ich stehe oft mit schwerem Herzen auf, mit Angst vor den Herausforderungen des Tages. Mir ist oft mehr nach Bitten als nach Danken zumute. Und wenn ich dann den ganzen Tag mit den Schwerkranken zusammen bin, bin ich froh, wenn ich am Abend abschalten kann, vielleicht dann auch Worte des Dankes finde für alle Hilfe, die ich an diesem Tag bekam.«

Eine andere Frau aus dem Kreis meldete sich zu Wort und dankte der Schwester für ihre Offenheit, für ihren Mut, zu sagen, wie bei ihr der Tagesanfang auch aussehe. Auch sie sei nicht immer obenauf. Es war eigenartig, nun gaben auch die anderen zu, daß auch sie Tage kennen, wo ihnen nicht nur zum Danken zumute ist.

Eine neue Atmosphäre war in der Gesprächsrunde entstanden. Die Spannung war fruchtbar geworden, die Herzen offener, weil man aufrichtiger miteinander umging. Man hatte Mut zur Schwäche gefunden.

Wir müssen achtgeben, daß unser gutgemeintes Zeugnis wahr bleibt und damit tragfähig, daß es weder »überheblich« klingt, noch daß wir uns »überheben«, daß es zu Jesus einlädt und nicht abstößt. Permanenter Optimismus kann entmutigen statt ermutigen. Das heißt nun nicht – damit mich niemand falsch versteht –, wir sollen mit unseren Sorgen und Nöten, unserem Kummer und unseren Anfechtungen hausieren gehen. Nein, das nicht, aber wir sollten ehrlich bleiben, aufrichtig. Das ist überzeugender und einladender.

Ich habe da in meinem Leben manches, auch durch eigene notvolle Betroffenheit, gelernt. Was mir Hörer geschrieben haben, hat einen Umdenkprozeß bei mir eingeleitet, hat mir ganz wesentlich geholfen. Wenn da also zu lesen war: »Ihnen und anderen Verkündigern im Evangeliums-Rundfunk hilft Gott immer, da geht alles auf«, dann habe ich mich gefragt: Habe ich zu sicher gepredigt? Habe ich den Eindruck vermittelt, ich stehe über den Problemen? Habe ich Patentantworten weitergegeben, die es gar nicht gibt? Habe ich damit enttäuscht statt ermutigt – gut gemeint, aber falsch?!

Gott sei Dank – das meine ich wortwörtlich –, bekomme ich heute andere Sätze zu lesen und zu hören, z. B.: »Sie zeigen mir Ihre Narben; das ermutigt mich, Ihnen meine Wunden zu zeigen.« Oder: »Ihr Ehrlich-Sein hilft mir, auch ehrlich zu werden.«

Oder ich denke an einen Brief, in dem ein junges Mädchen schreibt: »Ich danke Ihnen von Herzen, daß Sie mir geschrieben haben, daß Sie meine Angst und mich in meiner Angst verstehen. Bisher habe ich immer zu hören bekommen: ›Du brauchst doch keine Angst zu haben. Leg doch deine Angst einfach ab.‹ Aber ich brachte es doch nicht fertig. Weil Sie mir geschrieben haben, Sie verstehen mich in meiner Angst, ist meine Angst weniger geworden.«

»Meine Kraft kommt in der Schwachheit zum Ziel«, sagt Jesus uns zu. Sind wir denn schwach? Stehen wir dazu? Sie, ich? – ›Ja, natürlich sind wir schwach‹, stehen wir in Gefahr zu sagen, denn wir wissen ja um diesen Satz Jesu aus dem Johannes-Evangelium: »Ohne mich könnt ihr nichts tun« (Joh 15,5). Also sind wir schon schwach. Aber können wir das auch ehrlich zugeben, ganz aufrichtig dazu stehen, daß er in uns mächtig ist, daß er in unserer Schwachheit zum Ziel kommt? Können wir einfach sagen: Ich kann nicht mehr – nicht mehr beten, nicht mehr lieb haben, nicht mehr ein freundliches Gesicht machen, obwohl man es ja ständig von mir erwartet? Ich kann nicht mehr lachen, ich muß mal weinen. Können wir uns das leisten in der Gemeinde, der Bibelstunde, dem Frauenkreis, der Jungendstunde, im Seniorenkreis, dort, wo wir uns zur Gemeinschaft einfinden? Können wir es in der Familie, im Verwandten-, Bekannten- und Freundeskreis?

Paulus spricht von seiner Schwachheit als von einer Hilfe dafür, daß er sich nicht überhebt. Dieses Wort »überheben« hat wie gesagt, zweierlei Bedeutung: Es kann gebraucht werden im Sinne von »überheblich«, zu hoch von sich selbst denken. Es kann aber auch meinen, daß sich einer »überhebt«, zu viel heben will; heben will, was über seine Kräfte geht.

Ich erfahre in meinem Dienst in der Brief- und Telefonseelsorge im ERF, daß viele Menschen – auch in der Gemeinde – über ihre Kräfte leben: Hausfrauen nicht weniger als Direktoren, Schüler genauso wie Pastoren. Sie meinen, sie müßten es schaffen. Die vielfältigen Aufgaben sind wichtig, ganz gewiß, sie sind auch da. Aber nicht *wir* bauen das Reich Gottes. Es ist unter uns, und ER baut es mit uns. ER kommt mit seiner Kraft durch unsere Schwachheit zum Ziel. Wir sind nicht mächtig, noch weniger allmächtig, aber wir kennen den, dem alle Macht gegeben ist im Himmel und auf Erden. Und zu ihm dürfen wir kommen, zu ihm dürfen wir beten, ihn kann ich bitten. Ja, er will gebeten sein. Und: Er will helfen.

Noch ein Gedanke: Für Paulus ist Schwachheit ja nicht nur eine notwendige pädagogische Maßnahme seines Herrn, sich nicht zu überheben. Er meint auch nicht: Die

Kraft kommt trotz der Schwachheit zum Ziel. Nein, er sagt: Die Kraft kommt *in* der Schwachheit zum Ziel. Schwachheit, meine Schwachheit und Gottes Kraft gehören untrennbar zusammen. Daraus schafft Gott Neues, das ihn ehrt.

Probieren Sie es doch einmal aus, was geschieht, wenn Sie Ihre Schwachheit zugeben, wenn Sie Mut zur Schwäche haben, ob Sie dann nicht auch die Erfahrung machen: »Gottes Kraft kommt in der Schwachheit zum Ziel. Seine Kraft ist in den Schwachen mächtig.« Er offenbart seine Herrlichkeit! Und dann können Sie sagen: »Wenn ich schwach bin, bin ich stark!« (2. Kor 12,10).

Über - sehen

»Übersehen« zu werden, kann weh tun, kann demütigend sein, weil es uns in unserer Persönlichkeit verletzt. – Wie gut, daß das, was bei Menschen immer wieder vorkommt, bei Gott, bei Jesus nicht so ist. Er übersieht keinen. Ein klassisches Beispiel dafür ist seine Begegnung mit dem Zöllner Zachäus, nachzulesen im Lukasevangelium, Kapitel 19. Oder denken wir an einen Text aus dem Buch des Propheten Jesaja, wo der Vater unseres Herrn Jesus Christus Israel sagen läßt: Ich kenne dich beim Namen, ich liebe dich, ich bin bei dir, ich achte dich wert ... (Jes 43,1-5). Und in der Offenbarung wird uns ermutigend zugesagt: »Ich weiß, wo du wohnst« (Offb 2,13). Das zur Kenntnis zu nehmen, ganz persönlich, tut wohl!

»Übersehen« – auch dieses Wort kann verschiedene Bedeutungen haben, z. B.: wohlwollend einen Fehler, eine Kränkung ›übersehen‹, sie nicht allzu ernst zu nehmen, nicht daran hängenzubleiben, sie vergeben, nicht nachtragen. Die Last damit ablegen. – Auch solch eine Erfahrung läßt aufatmen.

Noch eine dritte Bedeutung von »übersehen« sei kurz angesprochen: Ich »übersehe« die Dinge, behalte die »Übersicht«. Das hilft, wenn heikle Lebenslagen entstehen und Menschen den Kopf zu verlieren drohen. Dann die Durchsicht behalten, klare Anweisungen geben können, das vermittelt Gelassenheit und oft auch Geborgenheit.

Bei der vierten Auslegung von »über-sehen« will ich etwas länger verweilen und dazu einen Text aus Matthäus 14, 22-33 lesen:

»Und alsbald trieb Jesus seine Jünger, in das Boot zu steigen und vor ihm hinüberzufahren, bis er das Volk gehen ließe. Und als er das Volk hatte gehen lassen, stieg er allein auf einen Berg, um zu beten. Und am Abend war er dort allein. Und das Boot war schon weit vom Land entfernt und kam in Not durch die Wellen; denn der Wind stand ihm entgegen. Aber in der vierten Nachtwache kam Jesus zu ihnen und ging auf dem See. Und als ihn die Jünger sahen auf dem See gehen, erschraken sie und riefen: Es ist ein Gespenst! und schrien vor Furcht. Aber sogleich redete Jesus mit ihnen und sprach: Seid getrost, ich bin's; fürchtet euch nicht! Petrus aber antwortete ihm und sprach: Herr, bist du es, so befiehl mir, zu dir zu kommen auf dem Wasser. Und er sprach: Komm her! Und Petrus stieg aus dem Boot und ging auf dem Wasser und kam auf Jesus zu. Als er aber den starken Wind sah, erschrak er und begann zu sinken und schrie: Herr, hilf mir! Jesus aber streckte sogleich die Hand aus und ergriff ihn und sprach zu ihm: Du Kleingläubiger, warum hast du gezweifelt? Und sie traten in das Boot, und der Wind legte sich. Die aber im Boot waren, fielen vor ihm nieder und sprachen: Du bist wahrhaftig Gottes Sohn!«

Nach einem anstrengenden Tag – Jesus hat mit seinen Jüngern 5 000 Personen zu essen gegeben – schickt er seine Jünger schon mal mit dem Boot voraus und sucht dann selbst die Stille auf, um zur Ruhe zu kommen und zu beten.

Da sind seine Jünger also nun unterwegs zum anderen Ufer. Als sie in ihr Schiff stiegen, war das Wasser noch ganz ruhig. Doch nun steht ihnen plötzlich der Wind entgegen, und die Wellen gehen hoch. Als ihnen die Hoffnungslosigkeit ihrer Lage bewußt wird, ist nur noch Furcht in ihren Herzen. Denn der einzige, der ihnen helfen könnte, Jesus, ist nicht bei ihnen. Er ist noch auf der anderen Seite des Sees. Sie sind allein. Als dann noch ein Gespenst, wie sie meinen, über das Wasser auf sie zukommt, ist ihre Panik vollständig. Sie schreien vor Furcht. Bis sie sein Wort trifft: »Seid getrost, ich bin's; fürchtet euch nicht!»

Auch uns sind Wind und Wellen, welchen Namen sie auch immer tragen, entgegen:
– Wellen der Angst
– Wellen der Schuld
– Wellen des Leides
– Wellen der Sorge

Auch wir fürchten, in unseren Nöten und Ängsten, Kümmernissen und Konflikten, Schmerzen und Bedrängnissen allein zu sein. Und das sind nicht nur die Ratlosigkeiten unseres persönlichen Lebens, die uns zusetzen. Der Horizont der ganzen Welt hat sich verdunkelt. Doch wir sind nicht allein. Wir sind immer in Jesu Fürsorge eingeschlossen. Er ist mitten in den Stürmen unseres Lebens gegenwärtig. Nur wir erkennen ihn oftmals nicht. Er ist schon längst übers Wasser zu uns unterwegs. Er verspätet sich nie! Und gerade da, wo die Not am größten, die Angst am bedrängendsten ist, trifft uns sein Zuspruch: »Seid getrost, ich bin's; fürchtet euch nicht!«

Petrus hat in diesem Zuspruch den Anspruch Jesu an sein Vertrauen verstanden. Er reagiert darauf mit den Worten: »Herr, bist du es, so befiehl mir, zu dir zu kommen auf dem Wasser!« – Was macht es schon aus, wenn Wind die Wogen hochpeitscht? Er sieht ja: Jesus kann auf dem Wasser gehen. Mit dem Blick auf ihn wird das sonst Unmögliche möglich. Bei ihm ist Schutz und Geborgenheit, und danach sehnt sich Petrus. So verläßt er das Schiff und die anderen Jünger. Jesus hat ihn gerufen: »Komm her!« Das genügt ihm. Das ist ihm Garantie genug für den gewagten Weg auf dem Wasser. Mit dem Blick auf Jesus und dem Vertrauen auf sein Wort scheint es ihm ganz einfach, sich dieser Gefahr auszusetzen. Aber wie weit tragen ihn diese beiden Worte: »Komm her!«?

Petrus hat sich wohl doch nicht ganz klar gemacht, daß er diesen Weg zu Jesus nur in uneingeschränktem Vertrauen gehen kann. Der Blickkontakt muß bestehen bleiben, der Augenblick ist so entscheidend; er darf ihn nicht aus den Augen verlieren. Doch als die Wellen höher schlagen, packt ihn das Entsetzen. Er fängt an, sich zu fragen, worauf er sich eingelassen hat. War er denn übermütig, aus dem Boot zu springen, zu glauben, ihn würde die Zusage Jesu über Wasser halten?! Wie konnte er nur denken, daß Wasser Balken habe?! Seine Augen gehen angstvoll über den stürmischen See und suchen Hilfe.

Umsonst. Er kann Jesus nicht mehr sehen. Er blickt wie gebannt auf die Wellen, die ihn zu verschlucken drohen. Dabei ist er immer so stolz gewesen auf seine gute Beziehung zu Jesus. Er fühlte sich so sicher in seinem Glauben an ihn. Und jetzt überrollen ihn die Wellen. Sie drohen über seinem Kopf zusammenzuschlagen, alles wegzuschwemmen: Frieden, Zuversicht, Gelassenheit, Dankbarkeit, Erfahrungen, die er mit Jesus gemacht hat ... Petrus merkt, wie ihn das Meer in die Tiefe ziehen will. Er ist am Ertrinken. Da macht sich seine entsetzliche Angst in einem Gebetsschrei Luft: »Herr, hilf mir!«

Seine ganze Not, seine Spannung, die in ihm ist, sein Glaube und sein Unglaube kommen hier zum Ausdruck. Jetzt kann nur noch der Herr selber helfen. Er wird mit der Situation nicht mehr fertig. Petrus »übersieht«, was ihn ängstigt.

Es ist hilfreich, wenn wir Nöte, Ängste und Konflikte »über-sehen« lernen – nicht indem wir sie ignorieren, verdrängen, sondern uns ihnen stellen, sie im Gebet aufnehmen und formulieren und uns so auf Jesus, den Herrn über alle Nöte, konzentrieren. Im »Über-sehen« seiner Nöte, im Darüber-hinweg-Sehen auf Jesus erlebt Petrus Hilfe. Er erfährt, wie Jesus seine Hand ergreift. Er läßt ihn nicht untergehen. Er rechnet es ihm nicht an, daß ihm die Angst über den Kopf gewachsen ist, daß er nicht Vertrauen gegen den Augenschein geübt hat. Jesus läßt sich rufen von dem Petrus, der ihn schon so manches Mal enttäuscht hat. Er zieht ihn aus dem Wasser, hält ihn fest an seiner Hand und steigt mit ihm ins Boot. Sturm und Wellen beruhigen sich. Jesus ist da! Er behält in allen

Lebenslagen die »Über-sicht« Da gilt: »Seid getrost, ich bin's; fürchtet euch nicht!«

Die anderen Jünger haben das Geschehen mitverfolgt. Sie sind davon überwältigt, wie Jesus handelt. Staunend, anbetend fallen sie vor ihm nieder. Erneut erkennen sie: Jesus ist der Herr! »Aber der Herr ist immer noch größer, größer, als man denken kann!« Das ist wunderbar!

Auch wir können in solchen Lebenslagen, in denen uns die Wellen über dem Kopf zusammenschlagen und wir zu sinken drohen, ganz ähnliche Erfahrungen wie Petrus machen:

– Wenn wir das, was uns ängstigen will, »über-sehen« und auf Jesus schauen. Dieser beständige Blick über die Hindernisse des Glaubens hinweg auf Jesus ist not-wendig. Auch und gerade, wenn uns das Wasser bis zum Hals steht, wollen wir unseren kleinen Glauben an unseren großen Herrn, dem Wind und Wellen aller Art gehorchen müssen, einbringen.

– Wir wollen es tun, indem wir aus dem, was uns angst und bange macht, ein Gebet machen, zu ihm rufen, ihn bitten: »Herr, hilf mir!« Das will er, daß wir ihm in allen Lebenslagen uneingeschränkt vertrauen auch gegen den Augenschein. Auch wir werden dann erleben: Seine Hand greift nach uns; sie hält uns fest. Das gilt auch für Zeiten, wo wir seinen Händedruck nicht verspüren. Wir versinken nicht. Wir bekommen wieder Grund unter die Füße. – Wir wollen dabei dann aber nicht stehenbleiben, sondern unser Staunen in der Anbetung seines Namens zum Ausdruck bringen, damit auch andere es sehen: Größer als die Not ist der Helfer!

Fangen Sie doch einmal an, das einzuüben: »Über-sehen« Sie Ihre Nöte, indem Sie sie in einem Gebet formulieren und sich damit auf Jesus konzentrieren, der der Herr über alles ist. Ich wünsche Ihnen ein staunendes Anbeten über die Art seiner Hilfe.

»*Aber* der Herr ist immer noch größer ...«

Aber der Herr ist immer noch größer, größer als ich denken kann. Er hat das ganze Weltall erschaffen. Alles ist ihm untertan.

Wellen der Angst kommen auf mich zu, beklemmen und hemmen, nehmen mir die Ruh. Angst vor dem Leben und der Einsamkeit, dem Sterben, dem Alltag und der freien Zeit.
Aber der Herr ...

Wellen der Schuld überrollen mich, bedrücken, blokkieren und vermehren sich. Schuld durch mein Handeln, Reden und mein Sein an Gott und dem Nächsten und an mir allein.
Aber der Herr ...

Wellen des Leides fesseln meinen Blick, verdunkeln und lähmen, ziehen mich zurück. Leid durch Entbehrung, Hoffnungslosigkeit, durch Bosheit, durch Gräber und durch Krankheitszeit.
Aber der Herr ...

Wellen der Sorge strömen durch den Tag, sie treiben und quälen, werden mir zur Plag. Sorge ums Dasein, um das Lebensglück, um Aufstieg und Ehre und um mein Geschick.
Aber der Herr ...

Durch alle Wellen trägt er mich an Land, geborgen, voll Freude faß ich seine Hand. Ist das Brausen über-

mächtig groß: Er geht auf den Wellen, und er läßt nicht los.
Denn der Herr …

Elisabeth und Gerhard Schnitter

Um - beten

Je nachdem, wie man dieses Wort betont, ist auch sein Sinn:

»Um-*beten*«, das meint: gezielt Fürbitte für einen Menschen tun und ihn damit in den großen Freiraum der Liebe Gottes abgeben, von dem wir wissen, daß er gute Gedanken über uns hat (Jer 29,11; Röm 8,28).

»*Um*-beten«, das meint: Wir wollen einen Menschen mit unserer Fürbitte umgestalten in das Bild, das wir von ihm haben. Hier spielen meistens egoistische Motive eine Rolle. Es geht gar nicht um Gott und seine Ehre, auch nicht darum, daß dem, für den wir beten, wirklich geholfen wird, sondern, wie man so landläufig sagt – gut gemeint und daher falsch – letztlich um den eigenen Vorteil. Soviel einmal zunächst zum Verständnis unseres Stichwortes »umbeten«.

Nun einige Gedanken zum Thema ›Fürbitte‹:

Es sind nicht wenige Menschen, die in unseren Tagen schwere Lasten zu tragen haben: Sorgen um Ehe und Familie drücken nieder, Krankheit physischer und psychischer Art belastet, Ängste treiben um, das Alter macht zu schaffen – um nur einige der häufigsten Anliegen zu nennen, die uns in Briefen und Gesprächen immer wieder genannt werden. Nicht selten ist damit die Bitte um Fürbitte verbunden.

Grundsätzlich tun wir das auch in unseren Gebetsgemeinschaften im ERF, wenn wir unseren Arbeitstag mit Gebet beginnen. – Wir sind einerseits erstaunt und erfreut über das Vertrauen, das uns damit entgegengebracht wird, indem man uns teilgibt an den persönlichen Nöten; andererseits ist uns bange, weil wir manchmal den Eindruck haben, man meint, wenn *wir* um etwas in der Fürbitte eintreten, gäbe es schnellere Erhörungen, weil wir sozusagen »bessere Beziehungen« zu Gott hätten. Wie falsch ist solches Denken!

Gewiß, wir beten eine Zeitlang für die Anliegen, die uns konkret genannt worden sind. Doch die Fürbitte gehört zunächst ins eigene, persönliche Gebetsleben, dann in den Bereich der Familie, wenn die Angehörigen gläubig sind, dann in den Kreis der Gemeinde, die meine geistliche Heimat ist, und dann auch in den weiten Bereich anderer, die bereit sind, mitzutragen.

Worum geht es in der Fürbitte?

Es geht einmal darum, unter die Last des anderen zu schlüpfen und ihn dadurch zu entlasten, sein Anliegen zu dem eigenen zu machen und Gott zu sagen, was ihm fehlt und was er braucht. Und zum andern geht es darum, den Menschen oder die Sache, für die wir beten, unter den Einfluß des Geistes Gottes zu bringen, damit er Heil und Hilfe erfahre.

– Fürbitte ist somit ein einzigartiger Dienst, den gläubige Menschen einander tun können. Er reicht in Gebiete hinein, in die keine menschliche Kunst sonst hineinreicht. Die Fürbitte birgt daher Überraschungen in sich, die die Vorstellungskraft übersteigen, weil Gott, an den sich das Gebet wendet, über Bitten und Verstehen antwortet (Eph 3, 20). Einzigartig ist die Fürbitte deshalb, weil sie Grundlage, Erweiterung, Vertiefung und Ergänzung allen anderen christlichen Dienstes ist und ein Dienst in sich selbst, der als solcher volle Befriedigung bringen kann. Einer oder mehrere können sich an ihm beteiligen, wobei Jesus auf das Einswerden im Gebet besondere Verheißung gelegt hat (Mt 18, 19; Mk 11, 24; Joh 14, 13; 15, 7). Auch sprengt die Fürbitte die Grenzen von Raum und Zeit.

– Fürbitte ist durch nichts zu ersetzen. Aber sie ist ein recht unscheinbarer und entsagungsvoller Dienst. Oft geschieht sie im verborgenen. Sie ist Ausdruck der Selbsthingabe an Gott und darin auch der Selbstverleugnung, denn die eigenen Interessen treten zurück. Man muß frei sein von sich selbst, um die Lasten des anderen vor Gott zu bringen, und man muß warten können auf sein Handeln, das oft anders ausfällt, als wir es uns ausrechnen. Und doch können wir immer wieder die Feststellung machen, wenn wir uns so zurücknehmen: Gott gibt denen das Beste, die ihm die Wahl lassen!

– Fürbitte, das Darunterschlüpfen unter die Lasten des anderen, kostet Kraft, weil wir uns die Sorge und Not des anderen zu eigen machen. Und doch: Ich komme Gott dadurch auch näher, weil ich intensiver mit ihm Kontakt habe, was sich letztlich wieder positiv niederschlägt im Vertrauen zu ihm.

– Fürbitte ist ein Ringen, da sie teilnimmt an den Entscheidungskämpfen im unsichtbaren Bereich für oder gegen Jesus Christus (Kol 4,12). Der wohl eindringlichste Gebetsaufruf in der Bibel (Eph 6,18 ff) stellt die Fürbitte ausdrücklich in den Zusammenhang geistlichen Kämpfens und zeigt die Kennzeichen kraftvollen Betens auf.

– Das eigentliche Wesen der Fürbitte und ihr göttliches Geheimnis ist das der Stellvertretung. Fürbitte ist heiliger Mittlerdienst; dies vor allem macht sie zu einem einzigartigen Dienst unter allen christlichen Diensten. Der Beter tritt vor Gott anstelle des anderen und erwirkt von Gott Gaben zu des andern Gunsten. Der Beter erkühnt sich, vor Gott für den anderen seine Wünsche auszubreiten und auf einen Menschen die Kraft des ewigen Lebens mit seinen Segnungen herabzuflehen. So wird die Beugung des Fürbittenden für den anderen vor Gott zu einer doch schließlich gemeinsamen Teilhabe an Gottes Reichtum für beide. Daher schließt die Für-Bitte den Für-Dank, ja die eigene Freude über die Erhörung ein (Phil 1,3 f; Kol 1,3; Joh 16,24; 2. Kor 1,11). Der Geber, Gott, führt den Beter hinein in den Lobpreis.

– Fürbitte bedeutet, mit Gott zusammen an seiner Sache zu arbeiten. Nicht weil Gott es nötig hätte, sondern weil er es so will. Er will, daß der Beter darin seine Abhängigkeit von ihm bekundet, daß er zeigt, daß er Gott liebt und ihn braucht und darauf angewiesen ist, daß er in die Verhältnisse und das Leben von Menschen eingreift, für die der Fürbittende im Gebet eintritt – zum Lob Gottes und zur Hilfe für den Menschen. – Es ist also wesentlich, daß wir an *Gott* und nicht an die Macht der Fürbitte glauben! Wir handhaben die Fürbitte *falsch,* wenn wir meinen,

– sie sei Instrument, durch das wir bei richtiger Bedienung automatisch das gewünschte Resultat erzielen;
– je mehr Leute wir veranlassen, für die Sache zu beten, desto schneller werde Gott antworten;
– Das Fasten dazuzunehmen als eine Art Hungerstreik, als müßten wir Gottes Arm bewegen, als könnten wir es ihm abtrotzen;
– Gott *und* Fürbitte von mir und den anderen ergäbe die gewünschte Antwort;
– wir könnten jemanden *um*beten anstatt ihn zu um*beten.*

Die Frage ist: Glaube ich, daß Gott groß und mächtig ist, etwas zu tun, was ich und andere ihn bitten? Fürbitte kostet uns die Betätigung unseres Glaubensmutes. Es braucht Vertrauen und Liebe zu Gott und zu seinem Sohn Jesus Christus, ob wir ihn beim Wort nehmen, wenn er sagt: »Und alles, was ihr bittet im Gebet, wenn ihr glaubt, so werdet ihr's empfangen« (Mt 21, 22). Denn welchen Sinn hat es sonst, um etwas zu bitten, wenn ich nicht glaube, daß Gott etwas tut?! Unschätzbarer Lohn wartet auf den treuen Beter: Gott hört das Gebet des Gerechten, und es vermag viel, wenn es ernstlich ist (1. Petr 3, 12; Jak 5, 16). Das, was er tut, kann ich getrost ihm überlassen. Er wird recht handeln. Es geht ja um seinen Namen, der groß werden soll.

Noch einige Erfahrungen zur Veranschaulichung:

Ein Mann wird krank – nicht lebensgefährlich, aber er muß seinen Beruf an den Nagel hängen, wenn sich die Krankheit nicht bessert. Irgendwann sagen die Ärzte: »Wir können Ihnen nicht mehr helfen.« Aber der Kranke weiß: Die Gemeinde betet für mich. Zwei Älteste legen dem Kranken die Hände auf und beten zu Gott um Heilung. Diese Gebete seiner Geschwister, seiner Familie und sein eigenes werden erhört. Der Kranke wird gesund.

Eine Frau wird krank. Ein Schlaganfall macht sie arbeitsunfähig. In der Fürbitte stehen die Gemeinde und viele Freunde hinter ihr. Es wird besser mit ihrem Gesundheitszustand. Da bekommt sie einen zweiten Schlaganfall. Sie verliert die Sprache. Die Fürbitte der Gemeinde und des Freundeskreises läßt nicht nach. Monate danach kann sie die ersten Worte wieder sprechen. Auch wenn es ganz wenige sind – verstehen kann sie alles –, führt sie diesen Fortschritt dankbar auf die Macht der Fürbitte zurück.

Eine Ehe kommt in die Krise. Es sieht schlecht aus. Man hat sich auseinandergelebt. Doch beide suchen das Gespräch miteinander. Sie beten miteinander und füreinander. Sie lassen andere teilhaben an ihrer Not und bitten um Fürbitte. Viel Herzeleid muß einander vergeben, Vertrauen zueinander neu gefaßt, Verständnis füreinander errungen werden. Langsam gibt es wieder ein Zueinander und Miteinander; die Wunden können heilen.

Da ist eine andere Ehe. Auch sie ist in die Krise gekommen. Man redet nicht mehr miteinander. Der eine Partner hat kein Interesse mehr am Miteinander. Mißtrauen vergiftet das Miteinander. Vorwürfe machen das Zueinander unmöglich. Und doch: Die Fürbitte, die der Partner, der die Ehe wieder heilwerden lassen möchte, sucht und die er zugesagt bekommt, trägt mit dazu bei, daß er nicht am Leben verzweifelt, sondern auch jetzt erfährt: Gott ist treu. Neues, wenn auch unter ganz anderem Vorzeichen, kann in seinem Leben beginnen.

Vor-urteil

Ein »Vorurteil« – was ist das? Der Gegensatz zu einem »Endurteil«! Eine »vorgefaßte« Meinung, aber keine »endgültige«, eben ein »Vor-Urteil«, ein Urteil, das korrigierbar ist!

Es ist hilfreich, darüber etwas mehr nachzudenken, denn unsere zwischenmenschlichen Beziehungen sind ja davon stark geprägt – von Urteilen, Vor-Urteilen, endgültigen Vorurteilen.

Wenn wir dem Begriff »urteilen« im Neuen Testament nachgehen, finden wir Definitionen wie:

- unterscheiden (1. Kor 12,10; Hebr 5,14)
- richten (Röm 14,13)
- schätzen (Phil 3,13)
- dafür halten (Röm 3,28)
- überzeugt sein (2. Kor 5,14)
- denken (2. Kor 3,5; 10,7)
- achten (Apg 13,46; 16,15; 26,8; 2. Kor 11,5; 1. Petr 5,12)
- aber auch: kindisches Urteilsvermögen (1. Kor 13,11)

»Weißt du«, sagte ein Kollege dieser Tage nachdenklich zu mir, »ich bin da neulich bei einer Sitzung jemandem begegnet, der war mir direkt sympathisch, so daß ich Interesse hatte, ihn näher kennenzulernen.« – »Und was hinderte dich?« fragte ich. Nun, mein Kollege zuckte mit den Achseln und meinte: »Weißt du, inzwischen bin ich mißtrauisch geworden.« – »Warum denn das?« fragte ich. »Ja, ich habe jemanden getroffen, der ihn zu kennen scheint. Und als ich ihm von dieser Begegnung erzählte, sagte er in einem abwertend klingenden Ton: »Ach, der!« – und wandte sich sofort einem anderen Thema zu. Weißt du, seitdem ertappe ich mich immer wieder dabei, wie ich jenem Menschen mit Argwohn begegne. Irgend etwas muß sich doch hinter diesem »Ach, der!« verbergen, oder?«

Mir fiel ein, daß ich vor einiger Zeit etwas Ähnliches erlebt hatte. Inzwischen weiß ich aber, wie sehr ich auf der Hut sein muß, um Meinungen, Urteile anderer nicht einfach zu übernehmen, sie zu endgültigen Vorurteilen werden zu lassen!

Ich wurde von einer alten Dame eingeladen, sie doch einmal zu besuchen. Sie sei sehr einsam, ihre Freunde seien weggezogen bzw. verstorben, Angehörige habe sie nicht mehr, zu Gottesdiensten und Gemeindestunden könne sie nicht mehr gehen aufgrund ihrer Altersbeschwerden.

Als ich von meinem Vorhaben in einem Kreis erzählte, bekam ich die Worte zu hören: »Oh, da muß ich Sie warnen. Bei dieser Frau werden Sie nicht zu Wort kommen. Und sie wird Ihnen immer wieder dasselbe erzählen, auch über andere sprechen. Das ist unerträglich. Die redet Ihnen ein Loch in den Bauch.«

Nach dieser Bemerkung hätte ich die Einladung am liebsten abgesagt. Warum sollte ich mich so belasten und mir meine Zeit nehmen lassen? Hatte ich nicht täglich genug Probleme und Nöte anzuhören und zu lesen? Dennoch sagte ich mir: Zugesagt ist zugesagt!

Mit gewissen Vorurteilen ging ich zu dieser Begegnung. Doch schon auf dem Weg dorthin begann ich darüber nachzudenken, was sich da in meinem Denken und Fühlen abspielte. Ich schämte mich über meine Einstellung und Haltung, daß ich mich einfach ungeprüft durch die Meinung eines Dritten hatte so beeinflussen lassen. Ich bat Gott um Vergebung, um Reinigung meiner Gedanken und Heiligung meiner Gefühle, um Unvoreingenommenheit dieser Frau gegenüber. Ich merkte, wie diese bewußte Zurechtweisung mir selbst gegenüber half, diesen Besuch in einer anderen Einstellung als zuvor zu machen.

Tatsächlich redete die alte Dame ununterbrochen. Doch ich konnte ihr zuhören; und da ich genau hinhörte, entdeckte ich bald, was dahinter stand, nämlich großer Kummer, Sehnsucht nach Liebe, nach Zuwendung, nach Angenommensein, Wertgeachtetwerden. Im Laufe der Zeit wurden die Begegnungen sogar zu Gesprächen. Ich konnte ihr helfen, ihre Angst loszulassen, nicht mehr so stark zu klammern, Menschen durch ihre Gespräche zu vereinnahmen. Ja, sie lernte dadurch sogar das Zuhören!

Vorurteile sind so alt wie die Menschheit. Auch die Bibel kennt viele Lebenslagen, in denen das Vorurteil eine Rolle spielt. Ja, selbst Jesus begegneten die Menschen, sobald er irgendwo auftauchte, mit Vorurteilen: »Was kann aus Nazareth Gutes kommen?« (Joh 1, 46) –

»Er kann nicht von Gott sein, weil er den Sabbat nicht hält.« – »Dieser Fresser und Säufer.« – »Wenn dieser ein Prophet wäre ...« (Lk 7, 39) – »Bei einem Sünder ist er eingekehrt« (Lk 19, 7).

Weil sich Jesus in ihre Vorstellungen nicht einordnen läßt, begegnen sie ihm mit ihren Vorurteilen. Doch Jesus bringt solches Denken gründlich durcheinander, indem er oft gerade die erwählt und beruft und mit ihnen Gemeinschaft hat, von denen man es am wenigsten erwartet.

Er ißt mit den Zöllnern und macht damit deutlich, daß es für ihn keinen Unterschied zwischen Ausgestoßenen und Etablierten gibt. Wenn er unterscheidet, dann zwischen Kranken und Gesunden, zwischen Sündern und Gerechten. Aber sein Platz ist bei den Sündern und Kranken, um sie zu heilen.

Jesus vergibt einer Prostituierten ihre Schuld und schenkt ihr damit eine neue Zukunft. Er verurteilt sie nicht, distanziert sich nicht von ihr, läßt sogar zu, daß sie ihm die Füße küßt. Er teilt nicht den überheblichen Blick der Pharisäer. Die Frau fühlt, daß Jesus sie nicht ablehnt, sondern annimmt. Dies macht sie bereit, sich Jesus ehrlich zu öffnen.

Zuwendung – diese spürt auch der Zöllner Levi und wird bereit, das Zollamt zu verlassen und Jesus nachzufolgen. Jesus beschenkt alle – dieses ›alle‹ gilt bis heute –, die sich seine vorurteilsfreie Liebe gefallen lassen. Jesus verurteilt Vorurteile, die endgültige Urteile sind!

Wir ahnen etwas davon, wie einzigartig Jesus ist. Fest verbunden mit seinem himmlischen Vater ist er frei für uns Menschen. Total an seinen Vater gebunden ist er unabhängig von den Meinungen der Menschen. Er ruht in der vorurteilsfreien Liebe Gottes. Das bekommt der mit, der Jesus begegnet. Doch dadurch konzentrierten sich die vorhandenen Vorurteile auf ihn. Das ist auch bis heute so. Er wird ausgestoßen und verurteilt. Das Opfer ihrer Vorurteile endet am Kreuz. So wird er zum »Sündenbock«, beladen mit den falschen Meinungen, Vorurteilen und Fehlurteilen der ganzen Welt. Er nimmt das auf sich: »Fürwahr, er trug unsre Krankheit und lud auf sich unsre Schmerzen. Wir aber hielten ihn für den, der geplagt und von Gott geschlagen und gemartert wäre. Aber er ist um unsrer Missetat willen verwundet und um unsrer Sünde willen zerschlagen. Die Strafe liegt auf ihm, auf daß wir Frieden hätten, und durch seine Wunden sind wir geheilt« (Jes 53,4.5).

Vorurteile können in der Liebe Jesu überwunden werden. Denn: »Ist jemand in Christus, so ist er eine neue Kreatur; das Alte ist vergangen, siehe Neues ist geworden« (2. Kor 5,17). Seine Gesinnung, sein vorurteilsfreies Lieben und Annehmen eines Menschen, ist für uns die Chance, daß wir unter dem Einfluß seines Geistes lernen, mit Vorurteilen richtig umzugehen, so daß sie wirklich »Vor-Urteile« sind, Urteile, die korrigierbar sind.

Angst, nicht geliebt, nicht angenommen und wertgeachtet zu sein, ist der Nährboden für Vorurteile. Gerade diese Gedanken und Gefühle will der Mensch nicht auf Dauer bei sich beheimatet wissen. Er will bestätigt werden. Er wartet auf den Menschen, der ihm sagt: »Du bist in Ordnung.« Auch seine innere Stimme soll ihm signalisieren: »Alles in Ordnung!« Bleibt diese Zusicherung aus, so ist das innere Gleichgewicht gestört. Nun steht er in Gefahr, sich seine Bestätigung aus dem zu holen, was er selbst leistet. »Das haben Sie gut gemacht!« lobt ihn sein Chef, und die innere Stimme bestätigt: »Du bist in Ordnung.«

Dieser Mensch aber lebt dauernd in der Angst, die geforderte Leistung nicht zu bringen. Diese Angst ist auch oft berechtigt, denn fast nie erfüllt er die hohen Erwartungen, die zumindest er selbst an sich stellt. Dauernd sucht er Bestätigungen. Findet er diese nicht, verstärken sich seine Angst und Unsicherheit. Wieder muß er »Sündenböcke« finden, muß sich selbst etwas vormachen, muß sich über andere erheben, muß andere schlechter machen als seine erbrachte Leistung, damit er für kurze Zeit wieder mit sich selbst im reinen ist. Es dauert aber nicht lange, und der Teufelskreis beginnt von neuem. Wer mit Jesus lebt, erfährt: Wir sind dann in Ordnung, wenn Jesus uns in Ordnung gebracht hat. Jesus ist für unsere gesamte menschliche Existenz am Kreuz gestorben. Er hat sich töten lassen, damit wir sinnvoll leben können. Er hat sich mit unserer Schuld beladen, damit wir mit Gott und uns versöhnt sind. Der Mensch, der dieses Geschehen als Geschenk annimmt und sich dessen immer wieder vergewissert, erfährt: Mit seinem stellvertretenden Tod sagt Jesus: ›Du bist in Ordnung; du brauchst keine Existenzangst mehr zu haben, denn ich habe dir eine neue Existenz geschenkt. Du brauchst nicht mehr unsicher zu sein, ich bin deine Sicherheit; du brauchst nicht mehr in der Ungewißheit zu leben, ich bin deine

Heilsgewißheit. Ich habe dich gerecht gemacht. In mir bist du richtig vor Gott.‹

Damit geht Jesus dem Vorurteil, das den anderen verurteilt, an die Wurzel. Wer von Jesu Vergebung lebt, aus seiner Gerechtigkeit und unter dem Einfluß seiner Liebe bleibt, kann sich mit Vorurteilen nicht abfinden. Er leidet an ihnen und sucht nach Wegen, sie zu korrigieren bzw. sie gar nicht erst aufkommen zu lassen.

Allerdings müssen dazu Schritte getan werden: z. B. den Nächsten lieben wie sich selbst – das heißt: ihn annehmen, unvoreingenommen sein, miteinander sprechen. Das heißt auch, zuhören und verstehen wollen, selbst prüfen und sich eine Meinung bilden wollen.

Versuchen Sie doch einmal herauszuhören: Hier prägen mich Vorurteile, meine Beziehung zu dem oder jenem ist nicht frei von Vorurteilen. Versuchen Sie miteinander ins Gespräch zu kommen: Ich will dich besser verstehen lernen, um dich neu sehen zu lernen und dir neu zu begegnen, um dich ganz neu erleben und lieben zu können. Sie werden erfahren: Vorurteile sind korrigierbar; es müssen keine endgültigen Vorurteile sein. Seinen Standpunkt zu ändern, läßt eine neue Sicht von Menschen und Dingen gewinnen.

Wohl - machen

Zunächst wiederum einige Sätze aus einem Brief, den mir eine Hörerin schrieb:

»Als ich unsere beiden Jüngsten geboren hatte, dachte ich über mein Leben nach und ›ordnete mein Glück‹. Es gibt eigentlich nichts mehr auf dieser Erde, was ich mir als Frau noch wünschen könnte. Ich habe alles: einen Mann, der mich liebt, gesunde und begabte Söhne, eine süße kleine Tochter und jetzt sogar noch Zwillinge! Ich fühlte mich wie eine Königin und war voller Dank gegen Gott, der mein Leben so reich gemacht hat. Dieses Geliebtwerden und Wiederlieben brachte meinen Alltag trotz aller Arbeit in eine frohe Harmonie.

Schon zwei Jahre später war alles mit einem Schlag verändert. Gott riß unerbittlich meinen Mann, mit dem ich in vierzehn Ehejahren fest zusammengewachsen war, von uns weg. Betäubt grübelte ich: Ist das Gottes guter Weg für mich, nun als Witwe mit sechs Kindern durch dieses Leben zu gehen! Gottes Handeln erschien mir rätselhaft und feindlich.

Eine große Trauergemeinde sang am Sarg meines Mannes: »Jesus, meine Freude ... Trost in allem Leide bist allein nur du!« – während ich gleichzeitig dachte: »Nie mehr werde ich froh sein können!« Gottes Liebe, die bisher unser gemeinsames Leben hell gemacht hatte, war mir völlig verdunkelt. Ich empfand mich von Gott verstoßen und vom vertrautesten Menschen verlassen. Ist nicht der Grund zur echten Freude die Liebe? Für mich waren Liebe und Freude gestorben.«

In diesem Brief wird etwas deutlich von der Spannung, die in unserem Stichwort enthalten ist. Je nachdem, wie man es betont, bekommt es eine andere Bedeutung:
– Er wird es wohl *machen.* Oder:
– Er wird es *wohl* machen.

Er wird es wohl machen. Da klingt Skepsis mit. Man hofft zwar, daß Gott zu seinen Verheißungen steht, aber gewiß ist man sich dessen nicht. Darum paßt in solches Angefochtensein das Wort aus Psalm 37, 5 gut als Ermutigung: »Befiehl dem HERRN deine Wege und hoffe auf ihn, er wird's wohlmachen«.

Diesen Gedanken des Wohlmachens nimmt eine alte Legende auf, die eine Antwort versucht im Blick auf unverstandene Wegführungen.

Da war irgendwo ein Mönch, der grübelte und grübelte, weil er »die Regierung Gottes« nicht verstehen konnte. Da wurde zum Beispiel eine junge Mutter von ihrer Kinderschar weggerissen, während im Haus nebenan ein Greis von über 90 Jahren sich den Tod herbeiwünschte und doch nicht sterben konnte. Diesem ehrlichen Mönch versuchte Gott durch ein Traumgesicht zu helfen.

Er sah eine Gestalt, die er als einen Engel Gottes erkannte. Dieser trat zu ihm und sagte: »Komm mit mir, ich will dir die Wege Gottes zeigen.«

Am Abend des ersten Wandertages kamen sie zu einem elenden Hüttchen, in dem ein altes Ehepaar wohnte. Als sie um Herberge baten, nahmen die Leutchen sie freundlich auf, bewirteten sie und boten ihnen sogar ihr eigenes Lager an, während sie für sich auf Stroh eine Liege herrichteten.

Ehe der Tag graute, verließen die Wanderer das Häuschen. Wie erschrak aber der Mönch, als er mitansehen mußte, wie der Engel das Häuschen der freundlichen Alten in Brand setzte. Empört nannte er den Engel einen Brandstifter, aber dieser antwortete freundlich: »Schweig, das sind Gottes Wege!«

Am Abend des zweiten Tages kamen die beiden zu einem stattlichen Bauernhaus. Auch da wurden sie freundlich aufgenommen. Beim Abendbrot erzählte der Bauer, daß er heute einen glücklichen Tag gehabt habe. Ein Nachbar, der ihm seit Jahren viel Schaden zugefügt habe, sei zu ihm gekommen, um sich mit ihm zu versöhnen. »Und seht nur«, sagte er, »diesen wunderschönen silbernen Becher hat er mir als Zeichen der Versöhnung geschenkt.«

Am nächsten Morgen weckte der Engel den Mönch sehr früh. Lautlos gingen sie durch die Wohnstube. Vor einer Vitrine blieb der Engel stehen und nahm den silbernen Becher heraus. Dann verließen sie das Haus. Dem Mönch verschlug es fast die Sprache. Mühsam brachte er heraus: »Wie kann ein Engel stehlen!?« Wieder sagte der Engel: »Schweig, das sind Gottes Wege!«

Der dritte Tag führte die beiden Wanderer am Abend zu einem besonders großen, herrschaftlichen Bauernhof. Am Hoftor stand der Bauer. Bescheiden fragte der Engel um ein Nachtquartier: »In irgendeiner Ecke, auf einem Büschel Stroh, sind wir zufrieden«, sagte er. Mürrisch antwortete der Bauer: »Ein Bettelgesindel seid ihr! Packt euch fort, sonst hetze ich meine Hunde auf euch.« Da hob der Engel den silbernen Becher hoch: »Wir wollen das Nachtquartier gern bezahlen; wir geben Euch diesen silbernen Becher dafür.«

Der Bauer griff nach dem Becher, betrachtete ihn genau, erkannte, daß es gutes Silber war, und sagte: »Ha nun, wenn Ihr mir den geben wollt, so mag es sein.« Die beiden durften auf einer Strohschütte in einer Stallecke übernachten.

Am anderen Morgen, ohne Frühstück, zogen sie weiter. Kopfschüttelnd sagte der Mönch: »Das begreife nun einer! Dem freundlichen Gastgeber hast du den kostbaren Becher gestohlen, und nun hast du ihn für ein armseliges Nachtlager diesem elendigen Geizhals geschenkt!« Der Engel sagte zum dritten Mal: »Schweig, das sind Gottes Wege!«

Am vierten Abend ihrer Wanderung kamen sie zu einem Haus, in dem ein Vater mit seinem achtjährigen Söhnchen wohnte. Vor kurzem war dem Mann die Frau gestorben, nun hing er mit grenzenloser Liebe an diesem einzigen Kind.

Als die Wanderer am nächsten Morgen das gastliche Haus verließen, bat der Engel, ob der Kleine sie nicht ein Stück weit begleiten könne, um den richtigen Weg zu finden. Der Vater willigte ein. Das Büblein zeigte ihnen einen Fußpfad über den Berg. Am Rande einer Schlucht angelangt, sagte es: »Wenn ihr jetzt hier über diese Brükke gegangen seid, kommt ihr auf eine gute Straße und könnt dann nicht mehr fehlgehen.« Damit wollte es umkehren, aber der Engel überredete es, noch mit ihnen über die Brücke zu gehen. Aber kaum waren sie auf der Brücke, da packte der Engel das Kind und schleuderte es in die Schlucht. Da fuhr der Mönch dem Engel an den Hals und schrie: »Ich dachte, du seist ein Engel. Ein Teufel bist du! Ein Dieb, ein Brandstifter, ein Mörder!«

In diesem Augenblick verwandelte sich im Traum unseres Mönches der Reisegefährte in eine strahlende, blendende und furchterregende Gestalt. Zutiefst erschrocken hörte er nochmals die Worte: »Schweig, das sind Gottes Wege!«

Da sank der Mönch auf die Knie und schlug die Hände vors Gesicht. Aber nun hörte er den Engel sagen: »Jetzt will ich dir die Wege Gottes erklären. Denk an den ersten Abend. Die armen, alten Leute hatten uns freundlich aufgenommen, haben alles, was sie hatten, mit uns geteilt. Ihnen habe ich geholfen, indem ich ihr Häuschen anzündete. Die beiden hängen an dem Fleckchen Erde. Sie werden den Brandschutt wegräumen und dabei auf einen Schatz stoßen, der seit langem unter dem Haus vergraben lag. Ein sorgloses Alter ist ihr Lohn, den Gott ihnen bestimmt hat.

Und nun denk an den freundlichen Bauern, dem ich den silbernen Becher weggenommen habe. Der teuflische Nachbar hatte nur zum Schein Frieden gemacht. Der Becher war vergiftet. Ein Trunk hätte dem frommen Mann den Tod gebracht, darum habe ich den Becher weggenommen und ihn dem geizigen Gutsbesitzer gegeben; er wird sich damit den Tod holen.

Und nun das unschuldige Kind, das ich hier über die Brücke geworfen habe. Sein Vater wird untröstlich sein und eine Zeitlang mit Gott hadern. Dieses Kind war sein Abgott. Er verzog es aufs Allerschlimmste. Gottes Vorauswissen sagt, daß dieses Kind später zum Vatermörder geworden wäre. Nun ist es durch den frühen Tod vor einem solchen Weg bewahrt worden. Der Vater wird sich nach geraumer Zeit unter Gottes Führung beugen und dadurch Frieden und Freuden zurückgewinnen. Und nun wisse:

Nicht das Verstehen der Wege Gottes bringt deinem Herzen Frieden, sondern der Glaube, daß Gott keine Fehler macht.«[5]

Erscheinen meines Gottes Wege
mir seltsam rätselhaft und schwer,
und geh'n die Wünsche, die ich hege,
still unter in der Sorge Meer,
will trüb und schwer der Tag verrinnen,
der mir nur Schmerz und Qual gebracht,
dann will ich mich auf eins besinnen:
daß Gott nie einen Fehler macht!

Wenn über ungelösten Fragen
mein Herz verzweiflungsvoll erbebt,
an Gottes Liebe will verzagen,
weil sich der Unverstand erhebt,
dann darf ich all mein müdes Sehnen
in Gottes Rechte legen sacht,

und dieses sprechen unter Tränen:
daß Gott nie einen Fehler macht!

Drum still, mein Herz, und laß vergehen,
was irdisch und vergänglich heißt,
im Lichte droben wirst du sehen,
daß gut die Wege, die er weist.
Und müßtest du dein Liebstes missen,
ja, ging's durch kalte, finstre Nacht,
halt fest, an diesem rettend Wissen:
daß Gott nie einen Fehler macht![6]

In dem erwähnten Brief hieß es dann weiter:

»So sehr saß ich im Dunkeln, daß ich die unzähligen kleinen Tröstungen, die sich Gott in seiner Vaterliebe für unsere Familie ausgedacht hatte, kaum bemerkte. Erst als sie sich häuften, fielen sie mir endlich auf. Mit Verwunderung merkte ich, daß unser himmlischer Vater sich geradezu mit zärtlicher Fürsorge um uns kümmerte. Er ging auf meine ängstlichen Fragen ein; er machte meine verstörten Kinder wieder froh; er löste das Wohnungsproblem; er nahm die Geldsorgen ab; er veranlaßte Menschen, uns beim Umzug behilflich zu sein. Selbst meine kleinsten Probleme waren ihm wichtig. Viele Menschen wurden von ihm daran erinnert, für uns zu beten. Entfernt stehende Menschen, von denen ich es nie erwartet hätte, kümmerten sich um meine Angelegenheiten. Doch nach wie vor war es für mich am bittersten, meine Einsamkeit zu verkraften. Wenn die Arbeit getan war und die Kinder schliefen, erdrückte mich fast die Verlassenheit. Aber da hat sich Jesus, der selbst die Verlassenheit bis ins letzte erleben mußte, an meine Seite gestellt. Darum liebe ich ihn wieder und vertraue ihm.«

Es ist wahr: Nicht das Verstehen der Wege Gottes bringt Ihrem Herzen Frieden, sondern der Glaube, daß Gott keinen Fehler macht.

Wunder - bar

Viele Menschen verstehen unter »Wunder« ein außerordentliches und unerklärbares Ereignis innerhalb der Naturordnung, ein unmögliches Durchbrechen der Naturgesetze. Doch diese Naturgesetze können nicht – auch naturwissenschaftlich nicht – als selbständig wirkende Kräfte angesehen werden. Sie bestimmen nicht den Ablauf der Wirklichkeit, sondern sind Ordnungen zur Beherrschung der vorgegebenen Wirklichkeit.

Man kann nie mit Sicherheit behaupten, was »naturgesetzlich« möglich oder unmöglich ist, weil man nie genau bis ins letzte abschließend feststellen kann, was alles an Faktoren zusammenwirkt. Die kurzsichtige Ablehnung von Wundern stammt aus einem philosophischen Vorurteil oder aus einem Mißverständnis dessen, was die Bibel als Wunder ansieht, nämlich Gottes souveränen Machterweis als Schöpfer und Erhalter der Welt.

Da Gottes Macht unbegrenzt ist, hat die Unterscheidung von natürlichen und übernatürlichen Geschehnissen keinen Platz in der Bibel. Bei Gott sind grundsätzlich alle Dinge möglich (1. Mose 18, 14; Mt 19, 26; Mk 14, 36). Gott handelt auf gewöhnliche und außergewöhnliche Weise »wunderbar« – mit dem Ziel, seine Herrlichkeit zu offenbaren. »Wunder« sind daher Zeichen innerhalb des Unvollkommenen, der vom Menschen mißachteten

Schöpfung Gottes, um dem verblendeten Menschen die Augen zu öffnen für die Herrschaft Gottes.

In der Wunderfrage stehen sich demnach nicht Glaube und Wissenschaft, sondern Glaube und Unglaube gegenüber. Es stellt sich also die Frage, was wir mit einem biblischen Text wie dem folgenden im Blick auf unser eigenes Leben machen (nach: Lexikon zur Bibel, Hrsg. Fritz Rienecker, R. Brockhaus Verlag, Wuppertal):

»... uns ist ein Kind geboren, ein Sohn ist uns gegeben, und die Herrschaft ist auf seiner Schulter; und er heißt Wunderbar, Rat, Kraft, Held, Ewigvater, Friedefürst; auf daß seine Herrschaft groß und des Friedens kein Ende werde ...« (Jes 9, 5.6)

Diese Nachricht läßt immer wieder Menschen aufatmen: »Die Herrschaft ist auf seiner Schulter!« Von Jesus Christus ist hier die Rede, dem für uns Mensch gewordenen Sohn Gottes. Er hat im Auftrag Gottes alle Vollmacht und jede Macht im Himmel und auf Erden übernommen – und speziell, seit wir unser Leben bewußt unter seine Führung gestellt haben, auch die Verantwortung für uns.

Diese Worte, langsam und bewußt nachgesprochen, in Herz und Verstand voller Vertrauen aufgenommen, wirken außerordentlich beruhigend, geben Frieden: »Die Herrschaft ist auf seiner Schulter!«

Sie haben vielleicht in Ihrem Existenzkampf, in Ihrem Geschäft Sorgen, die Zukunft ist so ungewiß; oder es gibt

Spannungen in Ihrer Familie, Beziehungsstörungen in der Ehe, zu den Kindern, in der Freundschaft. Sie sind mit sich selbst unzufrieden, die Einsamkeit quält Sie; vielleicht treibt Sie auch Schuld um, Friedlosigkeit läßt Sie nicht zur Ruhe kommen. Krankheit oder Schmerzen machen zu schaffen ... Da schleicht die Resignation heran: Es hat ja doch alles keinen Zweck! Was soll's! – Ja, es wäre zum Aufstecken, wenn es keinen Heiland Jesus Christus, keinen Herrn Jesus Christus gäbe. Da könnten Sie mit Berechtigung sagen: Es hat alles keinen Zweck! Aber nun ist Jesus da. Er lebt! Er ist jetzt, seiner Verheißung gemäß, bei Ihnen. Er ist für Sie da und sagt Ihnen zu, daß »seine Schultern für Sie tragen«. Lassen Sie also los, was Sie belastet, umtreibt, quält. Geben Sie an ihn ab, was Sie bedrückt; werfen Sie im Gebet Ihre Sorgen auf ihn. Alles, wirklich alles fällt in seinen Machtbereich.

Sie sollen diese Zusage »Die Herrschaft ist auf seiner Schulter« für sich akzeptieren, in Anspruch nehmen. Sie brauchen nicht mehr so zu leben, als würden Sie alle Lasten, alle Sorgen, alle Verantwortung, ja, als würden Sie die Herrschaft auf Ihren Schultern tragen. Die letzte Verantwortung trägt er, will er tragen.

Was ich Ihnen hier bezeuge, ist die Erfahrung meines eigenen Lebens: »daß seine Schultern für uns tragen!« Sie sind stark genug, all die Belastungen unseres Lebens in ihrer Vielfältigkeit wirklich mit- und hinwegzutragen. Daß dem so ist, bestätigen die Namen, die Jesus in unserem Text gegeben sind:

Er heißt Wunderbar. Wunderbar nicht im Sinne von »aller Wunder bar«, d.h. ohne jede Möglichkeit, ein Wunder zu tun, sondern wunderbar bedeutet hier: Jesus Christus hat die Macht, so zu handeln, daß wir uns wundern, daß wir zum Anbeten seines Namens geführt werden über dem, was er tut. Leben Sie noch diesen frohen, dankbaren Glauben? Rechnen Sie eigentlich noch mit Wundern Gottes, seinem Eingreifen in Ihrem Leben? Kalkulieren Sie Gottes Handeln so ganz nüchtern und real in Ihrem Leben ein?

Vertrauen Sie doch ganz neu Jesus, Gottes Sohn. Sie werden die Erfahrung machen: Seine Wunder kommen in »bar«. Er zahlt Ihnen das in ihn gesetzte Vertrauen aus. Bei Jesus investieren Sie nie umsonst Vertrauen. Es ist im Blick auf Eigengewinn risikofrei. Er handelt in jeder Lage Ihres Lebens so, daß ein Gewinn für Sie dabei herausspringt. Das trifft selbst dann zu, wenn es nach außen den Anschein hat, als wären Sie zu kurz gekommen. Wir haben einen einzigartigen Heiland und Herrn. In seinem Namen »Gott hilft« bürgt er dafür, daß er die Lebens- und Glaubenshilfe unseres Lebens ist. Setzen Sie also auf ihn, »denn Wunder sollen schauen, die sich auf ihn und sein allmächtig Wort verlassen und ihm trauen«.

Er heißt Rat. Er heißt nicht nur Rat, er gibt Rat, er ist der Berater, der »Berater an dem Scheidewege«, wie es in einem Lied heißt. Es gibt so viele Lebenslagen, in denen wir einen Berater benötigen. Und zwar einen, der die Zusammenhänge bis ins einzelne, ja bis ins Unbewußte kennt, der ebenso den Durchblick wie den Überblick hat, der die richtige Diagnose stellt, und die notwendige Therapie weiß und auch in der Praxis heilend eingreift.

Ich erlebe das im eigenen Leben und möchte Ihnen Mut machen, Ihre ganz persönlichen Dinge mit Jesus, Ihrem Berater, und mit Menschen, die an ihn glauben und denen Sie vertrauen, ins Gespräch zu bringen. Ganz gleich, um was es sich konkret handelt: Er weiß Rat. Darum: »Befiehl dem HERRN deine Wege und hoffe auf ihn, er wird's *wohl*machen« (Ps 37, 5). Das bedeutet nicht, daß sich alle unsere Erwartungen erfüllen, sondern das, was letztlich gut für uns ist.

Er heißt Kraft. Doch er *heißt* nicht nur Kraft. Er *ist* die personifizierte Kraft. Er gibt Stärke genug dem Unvermögenden (Jes 40, 29). Keiner braucht in der Resignation oder Trostlosigkeit steckenzubleiben, weil er meint, er könne nicht mehr, ihm könne nicht geholfen werden. Geben Sie ruhig zu: Ich bin schwach. Das ist keine Schande. Aber bekennen Sie ebenso voller Zuversicht: ›Du, Jesus Christus, du bist stark.‹ Denn wenn wir ihn anrufen, erhört er uns und gibt unserer Seele große Kraft (Ps 138. 3). Er hat zugesagt und hält Wort: »Laß dir an meiner Gnade genügen; denn meine Kraft ist in den Schwachen mächtig« (2. Kor 12, 9). Ich lasse dich nicht im Stich (Hebr 13, 5). Nehmen Sie diese Zusagen in Ihr gottvertrauendes Denken auf, indem Sie dankbar sprechen: »Ich vermag alles durch den, der mich mächtig macht« (Phil 4, 13). Mit ihm vermag ich zu weinen und zu lachen, die Fülle zu haben und mir genügen zu lassen. Denn bin ich schwach, so ist er in mir stark.

Er heißt Held. Er ist der Sieger über die Sünde, den Tod und den Teufel. Er ist der Starke, der Erlöser. Diese Gewißheit will Ihr gottvertrauendes Denken erfüllen, Sie aufatmen lassen. Wo sie Fuß faßt und sich ausbreitet, beginnt Zuversicht Ihr Herz zu erfüllen. Die Angst vor dem Kommenden muß weichen. Sie lernen siegen in seiner Kraft. Denn Jesus will Ihnen nicht nur vergeben, sondern Sie auch erlösen und zum Sieg führen. Diese Gewißheit brauchen wir in einer Zeit der Prüfungen und Konflikte.

Leute Jesu leben auf der Seite des Siegers. Paulus bringt das ganz klar zum Ausdruck, wenn er bekennt: »Gott aber sei Dank, der uns den Sieg gibt durch unsern Herrn Jesus Christus« (1. Kor 15, 57). Dieser Sieg ist rechtsgültig und kann von jedem, der sich im Glauben an Jesus gebunden hat, in Anspruch genommen werden. Er hat dadurch Anteil am Leben Gottes, dem ewigen Leben.

Er heißt Ewig-Vater. Bei ihm können wir wirklich Kind sein. Ganz natürlich, ganz von Herzen, auch wenn es uns sonst vielleicht so schwer fällt. In Gottes Gegenwart – im Gebet, im Bibellesen, beim Nachdenken über ihn – können wir uns ganz so geben, wie wir sind, auch ohne viele Worte zu machen. Bei ihm können wir mit seinem Verstehen rechnen. Er ist nicht Launen und Stimmungen unterworfen. Er reagiert nicht in erster Linie auf unser Verhalten; er agiert mit seiner unendlichen Liebe. Er sorgt für uns. Er weiß, was wir brauchen. Dabei geht er äußerst barmherzig, geduldig und behutsam mit uns um. Er behandelt jeden individuell, sogar versagen darf man bei ihm, ohne abgeschrieben zu werden.

Sein Wille ist, daß denen, die ihn lieben, alle Dinge zum Ausreifen, zum Wachstum im Glauben dienen. Und er gibt tatsächlich denen das Beste, die ihm die Wahl lassen, weil sie ihn lieb haben.

Er heißt Friedefürst. Er heißt nicht nur so. Er ist unser Friede, und er gibt Frieden. Dort, wo wir in Aufrichtigkeit des Herzens das Gespräch mit ihm gesucht haben und immer wieder suchen und die Situation unbeschönigt beim Namen genannt haben und nennen, zieht auch heute ins Bewußtsein des Menschen Frieden ein. Es ist für uns existenziell, daß Jesus die Versöhnung für unsere Sünden ist. Die Schuld hat er bezahlt durch sein Sterben am Kreuz, neues Leben ist da, Versöhnung mit Gott durch seine Auferstehung. Sein Heiliger Geist inspiriert unser gottvertrauendes Denken und ermöglicht damit ein neues Sprechen und Verhalten. Die Spannungen im Zentrum der eigenen Persönlichkeit, in unserem Herzen, die Unruhe des belasteten Gewissens, die Unzufriedenheit aufgrund von Sinn- und Ziellosigkeit des Lebens weicht der Gewißheit des Heils. Wir sind mit Gott und uns selbst ins reine gekommen. Das ist dann auch die Basis für ein Leben der Versöhnung mit anderen.

So erleben wir, daß bei Gott kein Ding unmöglich ist, daß er auch heute wunder-bar handelt. Wunderbar auszahlt!

Zu - fall

Zufall verstehen viele als ein Zusammentreffen von Ereignissen, deren Möglichkeit niemand voraussehen oder erwarten, weder planen noch berechnen konnte, also ein nicht menschlich verfügbares Geschehen, sei es die Welt oder das Einzeldasein betreffend. Also das Unverbindlichste vom Unverbindlichen. Das gilt für negative wie positive Erfahrungen. Der Zufall – so sehen es viele – liegt außerhalb der wissenschaftlichen Erkenntnis. Er ist der Gegensatz zur logischen Notwendigkeit in Form von Glück oder Schicksal, eben Laune.

Solche Einstellung birgt natürlich auch Gefahren in sich. Man vertraut sich totalisierenden Systemen, okkulten Praktiken, Versicherungen aller Art an, um die Folgen von Zufällen möglichst auszuschließen. Das führt psychologisch und geistig-geistlich, aber auch seelisch dazu, daß dem modernen Menschen die innere Möglichkeit echten Verarbeitens von Gegebenheiten genommen wird und damit auch eine Reifung seiner Persönlichkeit.

Für den christlichen Glauben gibt es keinen Zufall in dem bisher erwähnten Sinne, aber nicht, weil er das Faktum des Zufalls, ja die Zufälligkeit alles Seienden leugnet, sondern weil ihm alles Seiende im Willen und Wirken Gottes begründet ist und weil auch das Zufällige sinnvolle Fügung des die Welt in Jesus Christus liebenden Gottes ist. Dieser Zusammenhang alles, auch des zufälligen Geschehens mit der Liebe Gottes in Jesus Christus kann nicht nachgerechnet, sondern nur geglaubt und dann auch erfahren werden. Ich sehe Zufall von der Bibel her daher so: Zufall ist das, was – obgleich auch ich es weder voraussehen noch erwarten, weder planen noch berechnen kann – mir von Gott her »zufällt«. Für einen Menschen, der Jesus liebt und ihm vertraut, gibt es einfach keinen Zufall im landläufigen Sinn als sinnloses, blindes Schicksal. Für ihn gilt vielmehr, was der Apostel Paulus sagt: »Wir wissen aber, daß denen, die Gott lieben, alle Dinge zum Besten« – oder wie es eine Übertragung zum Ausdruck bringt: »zum Ausreifen« – »dienen«.

Den »Zu-fall« fruchtbar werden lassen, heißt daher: Ich setze mich mit dem auseinander, was Gott mir »zufallen« läßt, aber auch mit ihm selbst. Ida Friederike Görres schreibt an einer Stelle: »Menschen vertragen am wenigsten die Wirklichkeit Gottes. Denn seine Nähe ist nicht nur Trost; sie ist auch Last und Ärgernis. Lebendiger Glaube an seine Gegenwart gebiert zerreißende Widersprüche.« Ein solcher Widerspruch kommt z. B. auch in dem Satz zum Ausdruck: »Ein Christ ist grenzenlos glücklich und hat immer Probleme.«

Mit Jesus leben, ihn lieben und ihm vertrauen, seinem Wort gehorsam folgen heißt: Spannungen aushalten, die mit den hintergründigen Fragen zu tun haben, was das »Zu-gefallene«, das Zugestoßene verursacht oder veranlaßt hat – mehr noch: was es zu bedeuten hat. Das entscheidende ist: Wie werden wir damit fertig? Die bewegenden Ursachen für Unfälle und Krankheiten wie auch für völlig unverstandene Wegführungen mögen für uns oft im Dunkeln bleiben. Trotzdem meine ich, daß es zu unserer verantwortungsbewußten Nachfolge gehört, daß wir uns verpflichtet wissen, nachzufragen, ob wir es uns nicht zur Last legen müssen, daß es zu dem Geschehen gekommen ist. Vielleicht sollten wir auch nicht so schnell nach dem Verschulden der anderen suchen und auch zunächst langsam sein mit dem »Wozu«. Auch hier gilt: Alles hat seine Zeit!

Jeder von uns kennt Menschen – machmal gehören wir selbst dazu –, die die Rätsel ihres Lebens wie einen Sack voll ungeknackter Nüsse mit sich herumschleppen. Dabei könnte oft schon die Lösung eines einzigen Rätsels gezeigt haben, daß nicht nur Annahme des »Zu-gefallenen«, sondern auch Entwicklung der Zeit – und in ihr das Verarbeiten des »Zu-gefallenen« – helfen kann, sie zu lösen. Zwar niemals alle auf einmal, denn stets wachsen neue heran. Sobald wir aber lernen, mit unbekannten Größen zu rechnen, bekommt alles ein neues Gesicht: Vergangenes wird wichtig. Zukünftiges tritt in den Gesichtskreis. Und wir begreifen, daß auch unsere Gegenwart eingebettet ist in den größeren Zusammenhang mit Gottes Hoffnung auf uns.

Nicht mehr als Selbstzweck, sondern für Gott verwirklichen wir dann unser Leben. Schade, daß oft der Intellekt so im Vordergrund unseres Denkens und Handelns steht und so wenig das Vertrauen in Gottes Führung. Das verführt dazu, Zufall, Fügung, Schicksal – die Rätsel unseres Lebens – einseitig zu sehen. Viele meinen, die Vernunft sei mächtig, uns das zu ersparen. In Wahrheit aber lernen wir an ihnen, unserem Gott nicht blind, aber uneingeschränkt zu vertrauen. Sie werden zur Aufgabe im Sinne von Denk-Aufgabe und Ein-Üben ins Vertrauen. Und: Sie entbinden den, der sich dieser Aufgabe stellt, nicht der Mitarbeit. Er muß wollen!

Wenn uns etwas Unangenehmes »zu-fällt«, brauchen dahinter nicht nur feindliche Mächte, die Tücke der Gegenstände und Umstände und auch nicht die menschliche Unzulänglichkeit zu stehen. Es kann sogar sein, daß aus einer solchen Situation doch noch etwas Gutes für uns entstehen kann.

Ich denke daran, wie mir mein Herzinfarkt – trotz all der Begrenzungen, die er meinem Leben brachte – durch Gottes Güte und Gnade noch zum Guten wirkte, indem mich die damit verbundenen schweren Wegführungen und Erfahrungen zubereiteten für meinen heutigen seelsorgerlichen Dienst, den ich in Schwachheit und doch gesegnet tun darf.

Ich weiß auch, daß man von solchen Erfahrungen nur sehr vorsichtig reden darf, zumal uns der letzte Durchblick doch fehlt. Es verhält sich hierbei ähnlich wie mit den Führungen Gottes in unserem Leben und Handeln. Wer sie kennt und erfährt, für den ist gewiß keine Einzelheit ausgenommen; davon erzählen kann man aber immer nur subjektiv. Berichte davon können banal wirken, vielleicht sogar unglaublich oder auch nichtssagend, wie es z. B. vielen mit dem Wort Jesu geht: »Nun aber sind auch eure Haare auf dem Haupt alle gezählt« (Mt 10, 30). Sollte Gott wirklich irgend etwas zu klein sein?!

Wir mindern mit solchen Überlegungen nicht das Gewicht menschlicher Schicksalsschläge, aber auch nicht der Treue Gottes, denn sie bewegen uns ja, wenn sie uns »zufallen«. Unsere Leidensfähigkeit hat meist sehr enge Grenzen. Mit frommen, kurzschlüssigen Worten ist uns auch nicht geholfen. Gott bleibt uns in seiner Unerforschtheit letztlich verschlossen. Darum werden wir auch nicht aufhören zu fragen: Warum? – Ja, es geht manchmal durch Tiefen, wo alles nur noch weh tut, wo wir nur noch leiden und keinen tröstlichen Gedanken fassen können. Aber gerade dann sollen wir erfahren: »Der Geist hilft unsrer Schwachheit auf ... Wir wissen aber, daß denen, die Gott lieben, alle Dinge zum Besten dienen ...« (Röm 8,26.28).

Annette von Droste-Hülshoff dichtete:
»Ich bitte nicht um Glück auf Erden, nur um ein Leuchten dann und wann, daß sichtbar deine Hände werden, ich deine Liebe ahnen kann. Nur in des Lebens Kümmernissen um der Ergebung Gnadengruß: Dann wirst du schon am besten wissen, wieviel ich tragen kann und muß.«

Daß in den »Zu-fällen« unseres Lebens aus Schlechtem doch etwas Gutes erwachsen kann, verdanken wir der Treue und Güte unseres Gottes. Wenn es aber nicht so wäre: Sollten wir auch das Übel hinnehmen können? Das kann man wohl nur dann, wenn man hinter allen Widerfahrnissen die Hand Gottes sieht. Dann kapitulieren wir nicht vor dem sinnlosen »Zufall« und fühlen uns auch nicht einer sinnlosen Willkür ausgeliefert. Auch dann, wenn wir keine ursächlichen Zusammenhänge erkennen können und selbst dann, wenn wir unter einem Geschick nur noch leiden können, ohne seinen Sinn zu verstehen, auch dann wollen wir daran festhalten, daß alles Geschehen unter der Herrschaft Gottes steht.

Freilich wissen wir aus der Bibel, daß das eine Sache des Glaubens, des Gott-Vertrauens ist, nämlich wie groß unser Gott ist, wieviel wir ihm zutrauen und vertrauen. Unser Gott ist ein souveräner Gott. »... der ich Frieden gebe, und schaffe Unheil. Ich bin der HERR, der dies alles tut« (Jes 45, 7). Oder noch stärker: »Ist etwa ein Unglück in der Stadt, das der HERR nicht tut?« (Am 3, 6). Selbst dann, wenn wir diese Worte nur mühsam buchstabieren, enthalten sie auch für uns die letztgültige Antwort. Wer Gott vertraut, der seine Liebe zu uns in Jesus offenbart hat, braucht nicht die Zuversicht zu verlieren, daß auch das scheinbar »Zu-fällige« nur mit Gottes Willen kommt. Gott läßt dem, der sich an ihn hält, der ihn in allen Lebensführungen als Ansprechpartner an die erste Stelle setzt – im Sinne von Jesu Anweisung: »Trachtet am ersten nach dem Reich Gottes ...«, also nach dem Willen Gottes –, alles »Not-wendige« »zu-fallen«.

Zu-recht-weisen

Der Begriff »zurechtweisen« hat für viele einen unguten Beigeschmack. Wer will schon zurechtgewiesen werden im Sinne von: getadelt, gestraft, gerügt, ermahnt, erinnert werden, daß da etwas nicht stimmt, schiefläuft. Das tut weh, verletzt irgendwie das Bild, das man von sich hat, verursacht seelischen Schmerz. Und wenn dieser nicht konstruktiv verarbeitet wird, werden auch die Gedanken in Mit-leiden-schaft gezogen. Sie kreisen dann ständig um diese Zurechtweisung. Das lähmt und schmälert die Lebensqualität.

Da bekommt jemand gesagt: »Du solltest mehr auf deine Ernährung achten, damit du nicht so dick wirst, und das Rauchen solltest du wegen deiner Gesundheit auch einstellen.« Zu beidem gehört aber eine willentliche Entscheidung. Und weil man es letztlich gar nicht will – weniger essen und mit dem Rauchen aufhören –, tut solche Ermahnung, solche Zurechtweisung weh.

Oder da ist jemand der Auffassung, Gott müsse in einem bestimmten Fall als »lieber Gott« Heilung von körperlichen und seelischen Beschwerden schenken. Dann kann man Sätze hören wie: »Mir ist das eindeutig klar geworden, ich habe vom Herrn diesbezüglich ein Wort bekommen.« Doch es geschieht nichts in dieser Richtung von Gott her. Dadurch setzen sich die Beteiligten gegenseitig unter seelischen Druck. Es ist dann gar nicht leicht, sie mit einem seelsorgerlichen, zurechtweisenden Wort zu erreichen und ihnen deutlich zu machen, daß der Wunsch Vater des Gedankens geworden ist; daß da ein falsches Schriftverständnis vorliegt, wenn man sich z. B. auf ein Wort wie: »Und er (Jesus) heilte sie alle« beruft. Wie schnell entsteht ein falsches Gottesbild, das von den eigenen Erwartungen und nicht von dem Gesamtzusammenhang der Bibel her geprägt ist.

Noch ein drittes Beispiel: Da ist jemand in Wort und Tat am anderen schuldig geworden. Man spricht ihn daraufhin an mit dem Ziel, dieses Unrecht wieder in Ordnung zu bringen. Doch diese Ermahnung, diese Zurechtweisung schmeckt ihm ganz und gar nicht. Er findet Ausreden, um dieser Ermahnung nicht nachkommen zu müssen. Nur wenige denken daran, daß ein solches Verhalten die Beziehung zu Gott stört, daß es Sünde ist. Sünde aber kann Gott nicht ungestraft lassen.

Gehen wir zurück zum Begriff ›zurechtweisen‹. Ich sehe darin eine dreifache Bedeutung: strafen – ermahnen – auf den richtigen Weg weisen. Die Strafe will den schuldig Gewordenen von seinem falschen Weg abbringen. Strafe hat es in jedem Fall mit Schuld zu tun. Dabei geht es um zwei Möglichkeiten: »Entweder sie trennt den Schuldigen von seiner Sünde, indem sie zur Besserung und zum Verlassen falscher Wege führt, oder sie bindet den, der sich nicht ›strafen‹ lassen will, mit seiner Sünde zusammen und vernichtet beide« (bibl.-theol. Handwörterbuch). Denn »die Sünde ist der Leute Verderben«.

Wir haben es in der Bibel meistens mit der ersten Weise zu tun: Der Mensch wird bejaht trotz seiner Schuld. Die

Strafe will ihn retten, das heißt, seine Schuld soll ihm aufgedeckt und sein Gewissen geschärft werden. Dies geschieht durch Gottes Wort und Geist in Tadel, Warnung, Belehrung (Ps 119; Hes 23,48; Jes. 28,26; Mt 18,15; 2. Tim 4,2).

»Der Erfolg solchen Strafens wird nicht so sehr von der Überredungskunst des Strafenden abhängen – seinem Ermahnen – als von der Bereitschaft des Gestraften, sich zurechtweisen zu lassen«, daß er sich dem Wort und Geist Gottes unterstellt. Es geht also darum, nicht nur zur Erkenntnis zu kommen: Ich bin auf einem falschen Weg, ich denke falsch, ich verhalte mich falsch, sondern auch umzukehren, neu zu denken, sich neu zu verhalten.

Es ist interessant und aufschlußreich zugleich, daß im griechischen Grundtext für »zurechtweisen« meistens das Wort steht, von dem wir unseren Ausdruck »Pädagoge« ableiten, also Ratgeber fürs Leben, Erzieher zum verantwortlichen Leben (Gal 3,24).

Auch »das direkte Strafen, das Menschen durch schwere Schickungen ins Leid führt, hat nicht Unheil, sondern Heil als Ziel und wird von einigen Frommen der Bibel geradezu als Bevorzugung verstanden« (Spr 3,12; Hiob 5,17; Offb 3,19). Gott weist seine Kinder wie ein Vater zurecht (Hebr 12,6), weil er sie lieb hat. Er tut das »zu-recht«, also berechtigt, mit guter, heilsamer Absicht.

Vor einiger Zeit hatten wir einen Mitarbeiter von Trans World Radio zu Gast in unserer Familie. Er erzählte uns, wie er 1982 zum Glauben an Jesus Christus kam, und zwar in einer ganz bedrängenden Lebenslage: Seine jüngere Schwester starb an einer Lähmung, die auch das Herz und die Atmung befiel. Und er selbst bekam Krebs. Diese bitteren Erfahrungen trieben ihn nicht von Jesus weg, sondern »suchten ihn heim« zu Gott. Er sah darin eine gnädige Zurechtweisung Gottes und konnte das so annehmen, daß es »zu recht« geschah. Für ihn war es Gottes liebevolles Handeln, das im Hebräerbrief einmal so formuliert wird: »Wen der Herr liebhat, den züchtigt er«, den weist er also zurecht (Hebr 12, 6).

Ich weiß, das Annehmen der »Zu-recht-Weisung« ist, leichter gesagt als getan. Doch es hilft uns gewiß, wenn wir uns aufrichtig die Bitte des Psalmisten zu eigen machen, der betet: »Herr, weise mir deine Wege ...« (Ps 25, 4-5; 27, 11).

Wenn wir Christen so um die Leitung durch unseren Herrn Jesus Christus bitten, dürfen wir alle eigensüchtigen Wünsche und Erwartungen zurückstellen.

Das heißt nicht, daß wir unsere persönlichen Fragen, Probleme und Konflikte verschweigen und verdrängen müßten, nein – aber sie bekommen einen anderen Stellenwert. Sie treten zurück. In den Vordergrund tritt das Anliegen, Jesu Weg mit mir zu erkennen, zu erfahren, was er will. Die Bitte wird in meinem gottvertrauenden Denken dominieren: Behüte mich vor eigenen, selbstgewählten Wegen, die weiter von dir wegführen. Ich will umdenken. Lehre mich, neu zu denken. Ich will um Vergebung bitten. Ich brauche diese Vergebung. Weise mich zu-recht!

Diese Bitte ist notwendig! Denn es sind zwei Dinge: um den Weg zu wissen und ihn zu gehen. Nur beides zusammen – Wissen und Tun, also Gehen – läßt aus der

Enttäuschung und Resignation zur Ent-täuschung und zum Re-signieren kommen, zu einem Neuanfang mit Gott und Menschen. Daß Jesus Christus eine solche Bitte erhört, wenn sie aufrichtig vor ihn gebracht wird, gründet sich nicht auf die Untadeligkeit unserer Nachfolge, sondern vielmehr darauf, daß er »gnädig und barmherzig« (Ps 103) und »treu und gerecht« (1. Joh 1, 9) ist.

»Herr, weise mir deinen Weg«, bringe mich zurecht! Wenn wir das wollen – denn Gott will es in seiner Liebe –, dann können weder Irrwege noch falsche Wege, weder Umwege noch Sackgassen ein Hindernis für ihn sein, uns wieder auf den rechten Weg zu bringen. Und danach geht es darum, daß wir seinen Wegweisungen folgen und mit dem Psalmisten bitten: »Erforsche mich, Gott, und erkenne mein Herz; prüfe mich und erkenne, wie ich's meine. Und sieh, ob ich auf bösem Wege bin, und leite mich auf ewigem Wege« (Ps 139, 23.24).

Weitere Bücher des Autors:

Ehe – TÜV
Geborgenheit
Im Alter geborgen
Konflikte bewältigen
Krisen – Reifezeiten des Lebens
Mein Gott, mein Gott, warum ...?
Mit Streß leben
Umdenken und neu beginnen
Vergebung – das zentrale Problem
»Weil mich festhält deine starke Hand« (Brendow Verlag)
Wunderbar geborgen
Zitierte Kostbarkeiten

Lieferbare Kassetten des Autors (ERF-Verlag):

Aber wir verzagen nicht
Fürchte dich nicht
Gedanken zum Herbst des Lebens
Heil werden
Herzliche Segenswünsche
Krisen – Reifezeiten des Lebens (8 Kassetten)
Mit dem Gesangbuch beten
Mit der Bibel beten
Paul Gerhardt – Der Psalmist der Christenheit
Weg aus dem Dunkel
Weitersagen – Hilfen zum missionarisch-seesorgerlichen Gespräch (mit schriftlichen Arbeitsunterlagen)
Wenn die Seele nicht mehr singt

Quellennachweis

[1] Helmut Lamparter »Das Buch der Psalmen II«, Die Botschaft des Alten Testaments Band 15 Calwer Verlag, Stuttgart 4. Auflage 1990, Seite 344 f.
[2] Wilhard Becker: So nahe ist Gott. Schloß Craheim: Rolf Kühne Verlag 1963
[3] Jörg Zink: Womit wir leben können. Kreuz Verlag; Stuttgart 1963
[4] Chinesische Weisheit
[5] aus: »Der Gärtner«
[6] Nobile Verlag, Stuttgart

Seite 65:
Phil Bosmans, Vergiß die Freude nicht;
46. Aufl. 1991, Verlag Herder, Freiburg – Basel – Wien.

hänssler

Kurt Scherer

Krisen – Reifezeiten des Lebens

Nr. 58.063
Pb., 180 S.
ISBN 3-7751-1850-0

Wie Tiefpunkte zu Wendepunkten werden

Eine Krise kann für Geist, Seele und Leib gefährlich werden, wenn sie nicht richtig verarbeitet wird. Sie führt in eine Spannung, die positiv, aber auch negativ verlaufen kann. So belastend eine Krise ist, so liegen in ihr doch auch Chancen zum Reifen der Persönlichkeit. Dr. Kurt Scherer möchte echte Lebens- und Glaubenshilfe geben, damit der positive Aspekt der Krisenbewältigung genützt werden kann.

hänssler

Kurt Scherer

Umdenken und neu beginnen

Von hinderlichen und helfenden Gottesbildern

Nr. 58.041
Pb., 200 S.
ISBN 3-7751-1758-X

Wenn unsere Gedanken mächtig werden

Unsere Gedanken können eine enorme Macht auf uns ausüben. Unsere Art zu denken bestimmt unsere Lebensführung und unsere Lebenseinstellung. Der erfahrene Seelsorger Dr. Kurt Scherer möchte in diesem Buch behutsam aufdekken, was im Leben oft so große Schwierigkeiten bereitet und von einem von Angst bestimmten und situationsbezogenen Denken zu Zuversicht und verheißungsbezogenem Denken führt.